基礎基本シリーズ②

最新 進路指導論

神野　建
原田恵理子　著
森山賢一

大学教育出版

はじめに

　情報社会の今日、産業や経済分野の変容が著しく、雇用形態も多様化・流動化し、多種多様な職業選択ができる時代となりました。このような状況のなか、若者は学校から職業への移行の過程や自己の役割を果たすことに困難さを抱えやすく、非行の一般化・享楽化・低年齢化等やフリーター・ニート・高校中退等が社会問題化しています。そのため、社会に出てゆくまでの学校段階におけるキャリア教育の重要性は、ますます高まっています。一人一人の生徒が「生きる力」を身に付け、勤労観・職業観を形成し、将来出会うであろう様々な困難や課題に対して、柔軟に、そしてたくましく対応する力を獲得することが重要な課題になるといえます。そこで、これらの課題に対して、社会的・職業的自立に向けた基盤となる能力や態度を育てることを通して、基礎的・汎用的能力の育成を中心としたキャリア教育の推進が学校で行う必要があります。いいかえると、教員養成における教員としての資質向上、教職生活の各段階を通じて獲得する高度な専門性と資質能力の向上が教師には求められるといえます。

　そこで、教職課程の学生が進路指導の基本を理解し、教員としての指導観や実践力を養うため、また現職の教員には教職生活におけるキャリア発達・教育の理論及び方法を知り、実践の場に役立てることができるように、「キャリア教育の推進に関する総合的調査研究協力者会議報告書」「キャリア教育・進路指導に関する総合的実態調査」を踏まえたテキスト・参考書を作成しました。本書は、キャリア発達・自己実現を目指す進路指導・キャリア教育に関する基礎基本を取り上げています。本書が教職を目指す学生たちの羅針盤として、また現職の教師の実践に役

立つことができれば執筆者一同幸いです。

　末筆になりましたが、本書の作成にあたり、学校現場で実際にご活躍いただく視点から多くの示唆をくださった教師の皆さん、また、最初から最後まで編者らの願いを受けとめ短期間の中でご助言いただきました大学教育出版の佐藤守さん、安田愛さんに御礼を申し上げます。

東京情報大学教職課程　神野　建

基礎基本シリーズ ②
最新 進路指導論

目　次

はじめに ………………………………………………………………… 1

第1章 キャリア教育が求められる背景 ……………………………… 7
1 学校から就業への移行をめぐる課題 ……………………………… 7
 (1) 社会の構造的変化とキャリア教育　7
 (2) 雇用環境の変容とキャリア教育　8
2 近年における若年者雇用の動向とキャリア教育 ………………… 9

第2章 キャリア教育の意義と概念 …………………………………… 11
1 キャリア教育 ………………………………………………………… 11
2 キャリア教育の意義とその内容 ……………………………………… 13
3 進路指導の歴史的展開 ……………………………………………… 14
 (1) アメリカにおける進路指導の歴史的展開とその特徴　14
 (2) 我が国における進路指導の歴史的展開とその特徴　17

第3章 キャリア教育の基本方向と進め方 …………………………… 20
1 キャリア教育の基本方向 …………………………………………… 20
2 キャリア教育の推進のための方法 ………………………………… 24
3 キャリア教育と法規 ………………………………………………… 28

第4章 キャリア教育を進めるための校内体制の整備 ……………… 32
1 教員の資質向上と専門的能力 ……………………………………… 33
2 保護者との連携 ……………………………………………………… 35
3 学校外の資源活用 …………………………………………………… 37
4 関係機関との連携 …………………………………………………… 39

目次　5

第5章　キャリア教育における諸理論 …………………………… 45
1　「発達」の概念について …………………………………… 46
　　(1)　発達は、生涯続く過程で、全ての人に起こる現象である　　46
　　(2)　発達の機能と可変性　　46
2　学校段階における児童生徒のキャリア発達課題 …………… 49
　　(1)　小学生のキャリア発達の課題　　51
　　(2)　中学生のキャリア発達の課題　　52
　　(3)　高校生のキャリア発達の課題　　53
3　キャリア教育のための理論 ………………………………… 55

第6章　学校におけるキャリア教育の新たな展開 ……………… 63
1　学習指導要領におけるキャリア教育 ……………………… 63
　　(1)　キャリア教育の意義　　63
　　(2)　各学校におけるキャリア教育の目標　　64
　　(3)　キャリア教育における動向　　65
　　(4)　キャリア教育と「教育基本法」「学校教育法」　　67
　　(5)　学習指導要領とキャリア教育　　71
2　キャリア教育の内容と指導計画 …………………………… 72
3　職業観・勤労観を育む具体的実践 ………………………… 75

おわりに ………………………………………………………… 87

キャリア教育が求められる背景

1 学校から就業への移行をめぐる課題

(1) 社会の構造的変化とキャリア教育

　今日、我が国の社会においては大きな構造的変化が進行し、我々の生活に多大な影響を及ぼしている。具体的には少子高齢化、情報化社会、グローバル化等の社会環境の激変をあげることができよう。

　このことが産業・経済分野の構造的な変化や雇用形態の多様化・流動化をもたらしていることは周知の事実といえる。以上のような背景の中で、学校から就業への移行に対して問題を抱える若者の増加は大きな社会問題であると指摘されている。

　子どもたちの状況に目を向ければ、こうした状況において多くの課題が顕著にあげられる。たとえば、生活経験や社会体験等の機会が少なくなっていたり、自らの将来を展望しつつ学習に積極的に取り組もうとする意識が低下していたり、労働への不安を抱えたまま就業し、適応に困難を感じている状況がそうである。さらには、現在の児童生徒の特徴として身体的には、成熟傾向を示しているにもかかわらず、精神的、社会的自立の遅れが多く見受けられたり、勤労観・職業観の未熟さといった発達上の課題も浮き彫りにされており深刻な問題となっている。

　このような我が国のさまざまな領域における構造的変化にあっては、

今日の児童生徒一人ひとりの社会的・職業的自立を助長していくために必要な基盤となる能力を育てることを通して、キャリア発達を促すための小学校段階からのキャリア教育の推進・充実の必要性が高まっているのである。

（2）雇用環境の変容とキャリア教育

「キャリア教育」という文言が初めて教育界において登場する機会となったのが、中央教育審議会答申「初等中等教育と高等教育との接続の改善について」（平成11年12月）である。本答申においては、「学校教育と職業生活との接続」の改善を図るため、小学校の段階から子どもの発達の段階に応じて、キャリア教育を実施する必要があると強調したものである。

以下の文言に注目したい。

> （第6章　学校教育と職業生活との接続）
> 　新規学卒者のフリーター志向が広がり、高等学校卒業者では、進学も就職もしていないことが明らかな者の占める割合が約9％に達し、また、新規学卒者の就職後3年以内の離職も、労働省の調査によれば、新規高卒者で約47％、新規大卒者で約32％に達している。こうした現象は、経済的な状況や労働市場の変化なども深く関係するため、どう評価するかは難しい問題であるが、学校教育と職業生活との接続に課題があることも確かである。
> （第1節　学校教育と職業生活の接続の改善のための具体的方策）
> 　学校と社会及び学校間の円滑な接続を図るためのキャリア教育（望ましい職業観・勤労観及び職業に関する知識や技能を身に付けさせるとともに、自己の個性を理解し、主体的に進路を選択する能力・態度を育てる教育）を小学校段階から発達段階に応じて実施する必要がある。キャリア教育の実施に当たっては家庭・地域と連携し、体験的な学習を重視するとともに、各学校ごとに目標を設定し、教育課程に位置付けて計画的に行う必要がある。また、その実施状況や成果について絶えず評価を行うことが重要である。

この答申においては、当時の状況について新規学卒者のフリーター志向の広がり、高等学校卒業者において進学も就職もしていないことが明らかな者の占める割合が全体の約9％に達していたこと、さらには就業後3年以内の離職者が新規大卒者では約32％、新規高卒者では約47％といった具合に約半数にまで到達していたことを問題として提示したのである。すなわち、若年無業者の増加、若年者の早期離職傾向が深刻な問題として取り上げられ、これらの諸問題には、学校教育と職業生活との接続に課題があると位置づけたわけである。

2　近年における若年者雇用の動向とキャリア教育

近年の我が国の社会は構造変化が著しく、少子高齢化は急速に進んでいる。わが国の総人口に占める65歳以上人口の割合（高齢化率）は2012（平成24）年には24.1％になり総人口の4人に1人の割合となっている。労働力人口は、2009（平成21）年で6,606万人となり、平成10年頃から減少が始まり、今後大幅な労働力人口の減少が予想されている。この少子化傾向、労働力人口の減少を見越して、グローバル人材の採用、育成、生産拠点の海外での展開も始動している。経済産業省の工業統計によれば、2008（平成20）～2009（平成21）年の1年間に全国で1割以上、数字にすると、約2万8,000の事業所が海外移転や統廃合による減少がみられる。まさに、キャリア教育においてもグローバル人材の育成の視点が早急に求められている。

このような社会の構造的変化において、我が国の雇用状況は悪化し、就業者数も失業率もなかなか回復していないのが実状である。まさに若年者の雇用は急激に悪化し、景気回復の局面にあっても回復につながっていないといえる。

若者の就労状況の実際は、15歳～24歳までの若年者の完全失業率は9％台となっており、高い。特に中学、高校、大学の卒業後3年以内の離職率はおおよそ、それぞれ70％、40％、30％の値を示しており、深刻な問題となっている。その上、若年の非正規労働者も増加し、15歳～24歳までの雇用者のうち30％を占めるという社会問題となっている。

その背景にあるものは、世界的金融不安、グローバル化の構造的変化が存在することは言うまでもないが、いま一つは、若年者自身にも課題があることも見過ごせない。

社会人として働くことの実際が理解されないまま入社している若年者が比較的多くなっている状況から、学校教育のなかで充実したキャリア教育を行うことや、企業におけるキャリア形成支援を中心とした現職教育との接続性が必要となっている。

【引用文献】
中央教育審議会答申　1999　初等中等教育と高等教育との接続の改善について
文部科学省国立教育政策研究所　生徒指導・進路指導研究センター　2013　キャリア発達にかかわる諸能力の育成に関する調査研究報告書—もう一歩先へ，キャリア教育を極める—　実業之日本社

第2章

キャリア教育の意義と概念

1 キャリア教育

　近年、進路指導という言葉に代わって、キャリア教育の推進が強調されている。

　このキャリア教育という文言が初めて登場したのは、1999(平成11)年の中央教育審議会答申「初等中等教育と高等教育との接続の改善について」である。この答申は、キャリア教育に関する包括的な提言であり、この答申を契機として、文部省はキャリア教育の推進を精力的に行うことになる。ここではキャリア教育について以下のような定義がなされている。

> 「望ましい職業観・勤労観及び職業に関する知識や技能を身に付けさせるとともに、自己の個性を理解し、主体的に進路を選択する能力・態度を育てる教育」

　2004(平成16)年1月28日には、キャリア教育のこれまでの政策を総括する「キャリア教育の推進に関する総合的調査研究協力者会議」が最終報告を出している。この報告書の中で、キャリア教育について次のように示している。

> 「キャリア概念に基づいて、児童生徒一人一人のキャリア発達を支援し、それ

ぞれにふさわしいキャリアを形成していくために必要な意欲・態度や能力を育てる教育」

　我が国においては、2004（平成16）年を「キャリア教育元年」と位置づけ、これまでの進路指導はキャリア教育の視点によって新たなスタートを迎えることになった。さらに文部科学省による「キャリア」に関する定義は「キャリア教育」と同様に、2011（平成23）年1月に再定義がなされるまで「個々人が生涯にわたって遂行する様々な立場や役割の連鎖及びその過程における自己と働くこととの関係付けや価値付けの累積」とし、個人と働くこととの関係上に成立する概念であるとされた。

　このことに関わって、厚生労働省から2002（平成14）年7月に発刊された「キャリア形成を支援する労働市場政策研究会報告書」の記述を示しておこう。

> 「キャリア」（career）は中世ラテン語の「車道」を起源とし、英語で、競馬場や競技場におけるコースやそのトラック（行路、足跡）を意味するものであった。そこから、人がたどる行路やその足跡、経歴、遍歴なども意味するようになり、このほか、特別な訓練を要する職業や生涯の仕事、職業上の出世や成功をも表すようになった。（中略）なお、遺伝子の保有者、伝染病の保菌者などを指す「キャリア」（carrier）は、運ぶ（carry）からの派生語であり、違う語源の単語である。

　現在キャリア教育のいう「キャリア」とは中央教育審議会（2011）「今後の学校におけるキャリア教育・職業教育の在り方について（答申）」によれば、「人が生涯の中で様々な役割を果たす過程で、彼らの役割の価値や自分と役割との関係を見出していく連なりや積み重ね」と定義されている。さらに「キャリア発達」については、「社会の中で自分の役割を果たしながら、自分らしい生き方を実施していく過程」であるとされている。

このことを踏まえ、「キャリア教育」については、「一人一人のキャリア発達や個としての自立を促す視点から、従来の教育の在り方を幅広く見直し、改革していくための理念と方向性を示すもの」であると示された。

2　キャリア教育の意義とその内容

2011 (平成23) 年1月31日、中央教育審議会は「今後の学校におけるキャリア教育・職業教育の在り方について」（答申）をまとめ、今後のキャリア教育の基本的方向性を2点に集約した。

一つは、幼児期の教育から高等教育まで体系的にキャリア教育を進めることとし、その中心として、基礎的・汎用的能力を確実に育成するとともに、社会・職業との関連を重視し、実践的・体験的な活動を充実することである。

二つは、学校は生涯にわたり社会人・職業人としてのキャリア形成を支援していく機能の充実を図ることである。

本答申においては、キャリア教育がその中心的に育成すべき能力として「基礎的・汎用的能力」を掲げているのである。まさに「基礎的・汎用的能力」の育成がキャリア教育の中核に据えられているわけである。このキャリア教育への産業界からの期待、さらには今日の厳しい雇用状況下におけるキャリア教育の今日的意義について以下に述べることとする。まずは、キャリア教育の意義を先の答申に沿って示してみたい。

本答申においては、キャリア教育の意義・効果について3点を挙げて明快に示している。

> 第一に、キャリア教育は、一人一人のキャリア発達や個人としての自立を促す視点から、学校教育を構成していくための理念と方向性を示すものである。各学校がこの視点に立って教育の在り方を幅広く見直すことにより、教職員に教

育の理念と進むべき方向が共有されるとともに、教育課程の改善が促進される。
　第二に、キャリア教育は、将来、社会人・職業人として自立していくために発達させるべき能力や態度があるという前提に立って、各学校段階で取り組むべき発達課題を明らかにし、日々の教育活動を通して達成させることを目指すものである。このような視点に立って教育活動を展開することにより、学校教育が目指す全人的成長・発達を促すことができる。
　第三に、キャリア教育を実践し、学校生活と社会生活や職業生活を結び、関連付け、将来の夢と学業を結び付けることにより、生徒・学生等の学習意欲を喚起することの大切さが確認できる。このような取組を進めることを通じて、学校教育が抱える様々な課題への対処に活路を開くことにもつながるものと考えられる。(第1章2 (1))

　これらの3点の特徴として、キャリア発達を軸にしてコンピテンシーとしての能力育成をキャリア教育の中心的な意義とする点においては、これまでの我が国のキャリア教育の基本的な方向性を継承しているといえる。
　さらにキャリア教育が全教育活動を通して実践されるべきものとした上で、キャリア教育が児童生徒にとって学習意欲を喚起し、学校にとっては教育課程の改善と総体としての質的向上につながるものとしている点が特徴であるとされている。

3　進路指導の歴史的展開

(1) アメリカにおける進路指導の歴史的展開とその特徴

　進路指導・キャリア教育の歴史は古く、20世紀初頭のアメリカ社会にその端緒を求めることができよう。当時のアメリカ社会においてはガイダンスの必要性が求められ、まさに工業化、産業化への大きな変換の中で派生する、多くの社会的変化に対応することに主眼をおいた職業指

導が展開されたのである。

この職業指導（vocational guidance）の草創期の人物として、第一にアメリカ・ボストン市のフランク・パーソンズ（Parsons, F. 1854-1908）をあげることができよう。パーソンズはボストン市において、市民厚生館（Civic Service House）という社会事業施設で労働者への教育に従事していたが、1908年1月に同館内に本格的な職業施設であるボストン職業院（The Breadwinner's Institute）を開設した。

ここでのパーソンズの考えは、合理的な職業指導の展開によって青年達の就業問題は緩和するであろうし、同時に雇用者にとってもその職種に適した人材獲得等のメリットが存在するということに根ざしていたものであった。この職業院では、実際に青年が一つの職業を選択し、それに対して、自身で準備し、その青年が能率的にキャリアを築くことを支援することが目的とされた。

パーソンズの死後1909年に刊行された『職業選択（Choosing a Vocation. 1909）』はアメリカにおける職業指導の世界初の体系的書物であるといわれている。パーソンズはこの著作の中で、ガイダンスの中心的内容として、以下のように職業の賢明な選択を3段階のモデルで示し、この3つが必要であると言及している。

① 自分自身の適性、能力、興味、希望、才能、欠点などの明確な理解。
② さまざまな種類の仕事の要求、方向における成功の条件、利益と不利益、報酬、機会、期待の理解。
③ これら2つの要因間の関係を合理的に推論すること。

1908年9月にパーソンズは死去したが、彼の友人であったブルーム・フィールド（Bloomfield, M）らは、1910年に第1回全米職業指導会議を開催し、1913年には全米職業指導協会（The National Vocational

Guidance Associatio：NVGA）を組織し、「職業指導は1つの過程である」という職業指導が目指すべき方向性を示した。

1917年にはスミス・ヒューズ法（Smith-Hughes Act）が制定され、連邦職業教育局が発足し、職業教育への援助が明確なものになった。1930年以降は、ガイダンス運動が盛んになり、職業教育はガイダンスと融合化され、ガイダンスの一領域と位置づけられるようになり、この流れの中で、全米キャリア発達協会（The National Carrer Development Association）がカウンセラーの資格に関するガイドラインを定め、カール・ロジャーズ（Rogers, C.R.）のカウンセリング理論の発展に影響を及ぼし、ハイスクールへのスクールカウンセラーの配置が進むこととなった。

アメリカでは1960年代以降、大学進学率の上昇、高等学校レベルの職業教育は衰退の一途をたどり、明確な職業観、労働に対する積極的な態度をもたない卒業生が就業し、さらには、アメリカ経済の景気の悪化により、失業、非雇用の中での青少年労働者の雇用状況が厳しくなっていった。

当時ニクソン大統領政権下で、教育局長官であったシドニー・P・マーランド（Sidoney, P. Marland, Jr.）によって、アメリカ連邦教育局の主導のもと実施された教育改革の重点施策の一つとしてキャリア教育（Carrer Education）が展開された。このキャリア教育の展開は、キャリア発達の視点から「すべての人にキャリア・エデュケーションを」をスローガンとして、幼稚園から高校・大学までを対象としたことに特徴をもつ。その後1984年にはカール・D・パーキンス職業教育法がつくられ、キャリア教育の充実した展開につながった。現在のアメリカにおけるキャリア教育の基本的土台となったのは、1994年に連邦法として制定された「学校＝職業移行機会法（School to Work Opportunities）」であり、中等教育段階の生徒の職業準備教育の強化といった特徴をもつ。

（2）我が国における進路指導の歴史的展開とその特徴

　我が国における職業指導という言葉が導入された契機は、1915（大正4）年に当時の東京帝国大学教授入澤宗寿（1885-1945）がその著作『現今の教育』において、アメリカの"vocational guidance"を「職業指導」と訳出し、アメリカの職業指導運動について体系的に紹介したことが最初であるといわれている。

　我が国の職業指導の発達は、欧米のそれと同じく青少年に対する職業相談活動に始まった。まずは心理学者の久保良英によって1917（大正6）年、東京府下目黒に児童教養研究所が設立された。ここでは青少年の適性研究や選職相談が行われた。その後1920（大正9）年に、我が国ではじめて公立の職業指導専門機関として大阪市立少年職業相談所の設立をみた。主任であった稲葉幹一は川本宇之助の著書である『職業教育の研究』（大正6年）に啓発されて職業指導の道に進んだという。また、学校教育における職業相談活動の先駆的取り組みとしては、東京市赤坂高等小学校や小石川高等小学校の実践が注目されるものである。

　文部省は、1922（大正11）年に「職業指導講習会」を開催し、各学校における職業指導に対する教員への啓蒙活動を進めた。さらに1925（大正14）年7月8日（社発一部第275号）付の「社会局第二部長・文部省普通学務局長より、各地方長官・中央職業紹介所事務局長宛、少年職業紹介に関する件依頼通牒」をもとにして、職業指導が学校教育に導入され活発に実践された。

　昭和に入り、1927（昭和2）年には、「児童生徒ノ個性尊重及ビ職業指導ニ関スル件（昭和2年11月25日文部省訓令第20号）」の訓令を発した。特に留意すべき事項は以下の通りである。

　一　児童生徒ノ性行、智能、趣味、特長、学習状況、身体ノ状況、家庭其ノ他ノ環境等ヲ精密ニ調査シ、教養指導上ノ重要ナル資料トナスコト。

一　個性ニ基キテ其ノ長所ヲ進メ、卒業後ニ於ケル職業ノ選択又ハ上級学校ノ選択等ニ関シテハ適当ナル指導ヲナスコト。
　一　学校ハ前掲ノ教養指導等ニ関シ父兄及ビ保護者トノ連絡提携ヲ密接ニスルコト。

　この訓令はまさに個性尊重を貫くものである。個性に基づいて、職業や上級学校への進学を決定するように新しい指針が示されている。

　我が国においては、この訓令をもって学校職業指導の出発点とすることが一般的な見解とされている。しかしながら我が国はその後、戦時体制へと突入することによって、個性尊重や職業選択の自由という職業指導の理念は退きこの状況が終戦まで続いた。

　戦後の我が国における職業指導は、1947（昭和22）年の学校教育法の制定をはじめ、高等学校での職業指導に関連する教育目標を示したことから明確になった。特に大きな契機は、文部省『学習指導要領―職業指導篇』（試案）で、「（職業指導とは）個人が職業を選択し、その準備をし、就職し、進歩するのを援助する過程である。」と定義されたことである。このことを基本的な土台として、1949（昭和24）年には、『中学校・高等学校職業指導の手引き』が発刊され、ここで職業指導の指針が示された。

　1951（昭和26）年には文部省の独自の職業指導の定義が職業指導手引き書『学校の行う職業指導』において次のように明確に示されている。

　　職業指導とは、生徒の個人資料、進学・就職情報、啓発的経験、相談、斡旋、補導などの機能を通して、生徒が自ら将来の進路を計画し、進学・就職して、更にその後の生活によりよく適応し、進歩するように、教師が教育の一環として援助する過程である。

　1957（昭和32）年11月11日の中央教育審議会答申（第14回答申）の「科学技術教育の振興方策について」の中では「高等学校および中学校

においては、進路指導をいっそう強化すること」という文言が用いられた。これまで使用されてきた「職業指導」にかわって「進路指導」がはじめて登場した注目すべき答申である。その後、1971（昭和46）年12月24日文部省令第31号「学校教育法施行規則の一部を改正する省令」において、校務分掌上、職業指導主事から進路指導主事に改められ、その職務として「職業選択の指導その他の進路の指導に関する事項」をつかさどるとされ、1972（昭和47）年4月1日から施行されるに至った。

1975（昭和50）年の教育課程審議会の基本方針を受けて、進路指導においては、その指導が計画的・組織的に行われるように努めること、あわせて、個性の理解や進路に関する知識の整理・統合・深化が一層図られるように、学級指導及びホームルームの充実が求められた。同年に発行された『中学校・高等学校進路指導の手引き―高等学校ホームルーム担任編』（文部省編）においては、用語解説中に「キャリア・エデュケーション」の詳細な用語解説が行われていることも注目すべき内容である。

まさに1999（平成11）年12月の中央教育審議会答申「初等中等教育と高等教育との接続の改善について」からはじまったキャリア教育の推進は、2005（平成17）年からの文部科学省による「キャリア教育推進事業」へとつながり、2006（平成18）年11月にも「小学校・中学校・高等学校キャリア教育推進の手引―児童一人一人の勤労観、職業観を育てるために―」が文部科学省より公表され、「生きる力」の育成を踏まえたキャリア教育の充実が示されているのである。

【引用文献】
文部科学省国立教育政策研究所　生徒指導・進路指導研究センター　2013　キャリア発達にかかわる諸能力の育成に関する調査研究報告書―もう一歩先へ，キャリア教育を極める―　実業之日本社
吉田辰雄編著　2006　最新 生徒指導・進路指導論　図書文化

第3章

キャリア教育の基本方向と進め方

1 キャリア教育の基本方向

「キャリア」(career) の語源は、ラテン語の Currus（荷車・荷馬車）から派生した言葉である。荷馬車が通った後を振り返ると、そこには「轍（わだち）」が残る。その荷馬車がたどってきた道程を示す「轍」がキャリアにたとえられている。そこから転じて、人が歩んできた経歴を示すようになったと言われている。

我が国において「キャリア教育」について取り上げられたのは文部科学行政関連の審議会報告等である。初めて登場したのは、中央教育審議会答申（1999）「初等中等教育と高等教育との接続の改善について」である。この答申は、学校種間における接続だけではなく、「学校教育と職業生活との接続」の改善も視野に入れたものであり、キャリア教育の必要性について、「学校と社会及び学校間の円滑な接続を図るためのキャリア教育（望ましい職業観・勤労観及び職業に関する知識や技能を身に付けさせるとともに、自己の個性を理解し、主体的に進路を選択する能力・態度を育てる教育）を小学校段階から発達段階に応じて実施する必要がある。」と述べている。発達段階別として小学校・中学校・高等学校における職業的（進路）の発達課題を表3-1に示す。

表3-1 発達段階別の職業的（進路）発達課題

	小学校	中学校	高等学校
職業的（進路）発達の段階	進路の探索・選択にかかる基盤形成の時期	現実的探索と暫定的選択の時期	現実的探索・試行と社会的移行準備の時期
職業的（進路）発達課題 各発達段階において達成しておくべき課題を、進路・職業の選択能力及び将来の職業人として必要な資質の形成という側面から捉えたもの。	○自己及び他者への積極的関心の形成・発展 ○身のまわりの仕事や環境への関心・意欲の向上 ○夢や希望、憧れる自己イメージの獲得 ○勤労を重んじ目標に向かって努力する態度の形成	○肯定的自己理解と自己有用感の獲得 ○興味・関心等に基づく職業観・勤労観の形成 ○進路計画の立案と暫定的選択 ○生き方や進路に関する現実的探索	○自己理解の深化と自己受容 ○選択基準としての職業観・勤労観の確立 ○将来設計の立案と社会的移行の準備 ○進路の現実吟味と試行的参加

（国立教育政策研究所　生徒指導研究センター　2002）

こうした提言の背景として、次の5つが挙げられる（中央教育審議会答申，1999）。

1) 少子高齢社会の到来、産業・経済の構造的変化や雇用の多様化・流動化
2) 就職・就業をめぐる環境の変化
3) 若者の勤労観・職業観や社会人・職業人としての基礎的・基本的な資質をめぐる課題
4) 精神的・社会的自立が遅れ、人間関係をうまく築くことができない、自分で意思決定ができない、自己肯定感を持てない、将来に希望を持つことができない、進路を選ぼうとしないなど、子どもたちの生活・意識の変容
5) 高学歴社会におけるモラトリアム傾向が強くなり、進学も就職もしなかったり、進路意識や目的意識が希薄なまま「とりあえず」進

学したりする若者の増加

　一方、キャリア教育の概念は極めて包括的であり、その用語が広く流布している反面、必ずしも明確な共通理解がなされていない状況がみられた。

　これを受け、「キャリア教育」の目標や趣旨などについて適切な意味づけや解釈を共有する必要性から、「キャリア教育の推進に関する総合的調査研究協力者会議報告書」（文部科学省，2004）がまとめられた。この中で、「キャリア」は「個々人が生涯にわたって遂行する様々な立場や役割の連鎖及びその過程における自己と働くこととの関係付けや価値づけの累積」ととらえられ、キャリア教育は「児童生徒一人一人のキャリア発達を支援し、それぞれにふさわしいキャリアを形成していくために必要な意欲・態度を育てる教育」と定義された。このようにして、「初等中等教育におけるキャリア教育の推進」が提言されることとなった。この背景には、「キャリア教育の推進に関する総合的調査研究協力者会議報告書」（文部科学省，2004）におけるキャリア教育の定義で、「端的には」という限定付きながら「勤労観、職業観を育てる教育」としたことにより、キャリア教育が勤労観・職業観の育成のみに焦点が絞られてしまった経緯がある。そのため、社会的・職業的自立のために必要な能力の育成がやや軽視されていることが課題として浮上してきたのである。

　また、2002（平成14）年の国立教育政策研究所生徒指導研究センターで示された「キャリア発達にかかわる諸能力（例）」における「4領域8能力」（図3-1）と呼称される概念については、次のような課題が指摘された。

1) 高等学校までの想定にとどまっているため、生涯を通じて育成される能力という観点が薄く、社会人として実際に求められる能力との共通言語となっていない。

人間関係形成能力	情報活用能力	将来設計能力	意思決定能力
自他の理解能力 コミュニケーション能力	情報収集・探索能力 職業理解能力	役割把握・認識能力 計画実行能力	選択能力 課題解決能力

図3-1　キャリア発達にかかわる諸能力の「4領域8能力」
（国立教育政策研究所　生徒指導センター　2002）

2) 提示されている能力は例示にもかかわらず、学校現場では固定的にとらえられている場合が多い。

3) 領域や能力の説明について十分な理解がなされないまま、能力等の名称の語感や印象に依拠した実践が散見される。

そして、2011（平成23）年の中央教育審議会答申の「今後の学校におけるキャリア教育・職業教育の在り方について」では、若者の完全失業率や非正規雇用率の高さ、無業者や早期離職者の存在など、いわゆる「学校から社会・職業への移行」が円滑に行われていないということを取りあげ、子どもたちの大きな困難が顕著に表れていると表明した。

さらに、コミュニケーション能力など職業人としての基本的な能力の低下や、職業意識・職業観の未熟さ、身体的成熟傾向にもかかわらず精神的・社会的自立が遅れる傾向、進路意識や目的意識が希薄なまま進学する者の増加など、「社会的・職業的自立」に向けて、様々な課題に言及した。そして、これらの現状とその原因や背景には、学校教育の抱える問題にとどまらず、社会全体を通じた構造的な問題があると指摘している。

これらの問題の解決に向けて、社会を構成する成員が互いに役割を認識し、一体となってあたっていく必要がある。特に学校教育は、若者の社会的・職業的自立や、生涯にわたるキャリア形成を支援するため、その機能を一層充実させていかなければならない。これらの認識を踏まえ、キャリア教育と職業教育の基本的方向性は、次の3つにまとめることができる。

1) 幼児期の教育から高等教育まで体系的にキャリア教育を進める。その中心として、基礎的・汎用的能力を確実に育成するとともに、社会や職業との関連を重視し、実践的・体験的な活動を充実する。
2) 学校における職業教育は、基礎的な知識・技能やそれらを活用する能力、仕事に向かう意欲や態度等を育成し、専門分野と隣接する分野や関連する分野に応用・発展可能な広がりを持つものにする。職業教育においては実践性をより重視する。職業教育の意義を再評価する必要がある。
3) 学校は、生涯にわたり社会人・職業人としてのキャリア形成を支援していく機能の充実を図る。

2　キャリア教育の推進のための方法

「今後の学校におけるキャリア教育・職業教育の在り方について」（中央教育審議会答申，2011）によれば、キャリア教育と職業教育の方向性を考える上で、重要な視点は次の2つである。
1) 仕事をすることの意義や、幅広い視点から職業の範囲を考えさせる指導を行う。
2) 社会的・職業的自立や社会・職業への円滑な移行に必要な力を明確化する。

キャリア教育を推進するにあたり、その指導目標は、ここで指摘されている「必要な力」を身に付けさせることであると理解する。そこで、社会的・職業的自立、学校から社会・職業への円滑な移行に必要な力に含まれる要素として、以下の項目を取り上げた。
① 基礎的・基本的な知識・技能
② 基礎的・汎用的能力

③　論理的思考力・創造力
④　意欲・態度及び価値観
⑤　専門的な知識・技能

　特に基礎的・汎用的能力の具体的内容については、「4領域8能力」をめぐる課題の克服を意図し、就職の際に重視される能力や、その後に提唱された類似性の高い各種の能力論（たとえば内閣府は「人間力」、経済産業省は「社会人基礎力」、厚生労働省は「就職基礎能力」）とともに、改めて分析を加え、「分野や職種にかかわらず、社会的・職業的自立に向けて必要な基盤となる能力」として提示されている。「仕事に就くこと」に焦点を当て、実際の行動として表れるという観点から、「人間関係形成・社会形成能力」「自己理解・自己管理能力」「課題対応能力」「キャリアプランニング能力」の4つの能力に整理されている（図3-2）。

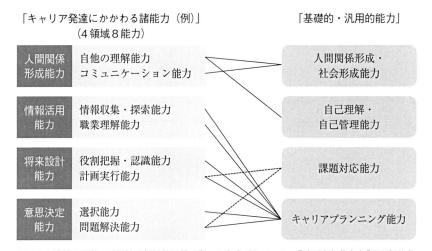

※図中の破線は両者の関係性が相対的に見て弱いことを示している。「計画実行能力」「課題解決能力」という「ラベル」からは「課題対応能力」と密接なつながりが連想されるが、能力の説明等までを視野におさめた場合、「4領域8能力」では、「基礎的・汎用的能力」における「課題対応能力」に相当する能力について、必ずしも前面に出されてはいなかったことが分かる。

図3-2　「4領域8能力」と「基礎的・汎用的能力」
（文部科学省　2011a「小学校キャリア教育の手引き〈改訂版〉」から）

キャリア発達を促進させるためには、必要とされる能力や態度を意図的・継続的に育成していく視点が重要で、そのためのカリキュラムを体系的に推進していくことが必要となる。
　そのため、学校の特色や教育目標に基づいて教育課程に位置づけ、全体的な方針や計画を明らかにしておかなければならない。この「全体計画」により、学校のキャリア教育の基本的な在り方を学校内外に示すとともに、各教科等におけるねらいや指導の重点項目を確認し、共通理解を図ることができるのである。
　この際、留意すべき点は、キャリア教育は学校で行う教育活動全体を通じて取り組む必要があり、特定の活動のみを実施することや新たな活動を追加することではないということである。キャリア教育の視点から教育活動全体を振り返り、その活動を通して「基礎的・汎用的能力」を構成する４つの能力のうち、いずれかの育成を意図する活動であることをとらえ直して取り組むことが求められている。
　また、全体計画がより効果的な活動となるためには、到達目標とそれを具体化した教育プログラムの評価項目を定め、適切な評価を行うことを忘れてはならない。いわゆるPDCA（Plan-Do-Check-Action）による、マネジメントサイクルを基盤としてよりよいものに改善していくことが大事になってくる。「今後の学校におけるキャリア教育・職業教育の在り方について」（中央教育審議会答申，2011）においても、その必要性が指摘されている。到達目標の設定については「一律に示すのではなく、子ども・若者の発達の段階や学校種が育成しようとする能力や態度との関係、後期中等教育以降は専門分野等を踏まえて設定することが必要」と述べられている。
　このことはすでに、文部科学省（2006a）が公表した「小学校・中学校・高等学校キャリア教育推進の手引」でも指摘されている。この手引の中で、特に言及されていることは「評価」についてである。「評価に

あたっては、『終了時の評価』として行う目標の達成状況の評価だけでなく、課題を客観的に検討すると同時に、『実践過程での評価』として、事前に計画した活動が、効果を上げつつあるかどうか、予測しなかった問題や課題が起きていないかを確認し、必要な場合には計画の修正を考慮することなども大切である。」と、その重要性が述べられている。

このようなことを踏まえ、キャリア教育全体の評価では、その前提として、次の7つの点が重要であると指摘されている。

1) キャリア教育の目指す目標が、具体的で明確であること
2) 目標が各学校や児童・生徒の実態に応じて、実行可能な内容であること
3) 教員がキャリア教育の意義と実践への計画、方法等を十分理解できていること
4) 教育活動の実行に際し、児童生徒にどのような変化や効果が期待されるかが、具体的に示されていること
5) 評価方法等が適切に示されていること
6) 教員が、評価の目的や方法等について理解し、適切に評価できる能力を有すること
7) キャリア教育の推進体制が確立されていること

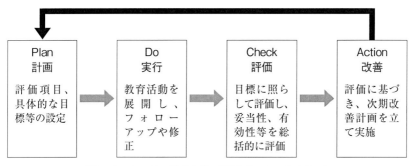

図3-3 キャリア教育全体の評価（PDCAサイクル）
（文部科学省 2006a「小学校・中学校・高等学校キャリア教育推進の手引」から）

3　キャリア教育と法規

　キャリア教育の推進に関わる法的な根拠としては、2006（平成18）年に改正された教育基本法と2007（平成19）年に改正された学校教育法が挙げられる。具体的な条文は以下のとおりである。

《教育基本法（2006改正）》
第2条（教育の目標）　第2項
　個人の価値を尊重して、その能力を伸ばし、創造性を培い、自主及び自律の精神を養うとともに、職業及び生活との関連を重視し、勤労を重んずる態度を養うこと。
第5条（義務教育）　第2項
　義務教育として行われる普通教育は、各個人の有する能力を伸ばしつつ社会において自立的に生きる基礎を培い、また、国家及び社会の形成者として必要とされる基本的な資質を養うことを目的として行われるものとする。

《学校教育法（2007改正）》
第21条（義務教育の目標）　第1項
　学校内外における社会的活動を促進し、自主、自律及び協同の精神、規範意識、公正な判断力並びに公共の精神に基づき主体的に社会の形成に参画し、その発展に寄与する態度を養うこと。
同　第4項
　家族と家庭の役割、生活に必要な衣、食、住、情報、産業その他の事項について基礎的な理解と技能を養うこと。
同　第10項
　職業についての基礎的な知識と技能、勤労を重んずる態度及び個性に応じて将来の進路を選択する能力を養うこと。

　2008（平成20）年、閣議決定された「教育振興基本計画」に、キャリア教育の推進を国の重要方針として決定したことを意味づける項目が新たに明記された。

> 《教育振興基本計画（2008）》
> 第3章　今後5年間に総合的かつ計画的に取り組むべき施策
> (3) 基本的方向ごとの施策
> 　基本的方向1　社会全体で教育の向上に取り組む
> 　③　人材育成に関する社会の要請に応える
> 【施策】地域の人材や民間の力も活用したキャリア教育・職業教育、ものづくりなど実践的教育の推進
> 　　子どもたちの勤労観や社会性を養い、将来の職業や生き方についての自覚に資するよう、経済団体、ＰＴＡ、ＮＰＯなどの協力を得て、関係府省の連携により、キャリア教育を推進する。特に、中学校を中心とした職場体験活動や、普通科高等学校におけるキャリア教育を推進する。
> 　　また、高校生等に専修学校の機能を活用した多様な職業体験の機会を提供するための取組を促す。さらに、ものづくりに関する児童生徒の興味・関心を高めるとともに知識・技術を習得させるため、例えば小・中学校段階のものづくり体験や、専門高校等における地域産業や経済界と連携したものづくり教育をはじめ、産業、職業への理解を図る。

中央教育審議会答申（2008）では「幼稚園、小学校、中学校、高等学校及び特別支援学校の学習指導要領等の改善について」を出し、「将来子どもたちが直面するであろう様々な課題に柔軟かつたくましく対応し、社会人・職業人として自立していくためには、子どもたち一人一人の勤労観・職業観を育てるキャリア教育を充実する必要がある。」と指摘している。子どもたちが将来に不安を感じたり、学校での学習に自分の将来との関係で意義が見いだせずに学習意欲が低下し、学習習慣が確立しないといった状況が見られるとした上で、「今後更に、子どもたちの発達の段階に応じて、学校の教育活動全体を通した組織的・系統的なキャリア教育の充実に取り組む必要がある。」と述べている。

以上を踏まえて、各学校種の学習指導要領には、発達段階に応じたキャリア教育推進についての記載があることは明白である。教育振興基本計画の閣議決定と学習指導要領改正の時期が前後した事情から、学習

指導要領の本文において「キャリア教育」という言葉が用いられているのは，高等学校学習指導要領及び特別支援学校高等部学習指導要領のみである。高等学校学習指導要領（文部科学省，2011b）から関連規定を引用して以下に示す。

第1章　総則　第5款　教育課程の編成・実施に当たって配慮すべき事項
4　職業教育に関して配慮すべき事項
(3) 学校においては，キャリア教育を推進するために，地域や学校の実態，生徒の特性，進路等を考慮し，地域や産業界等との連携を図り，産業現場等における長期間の実習を取り入れるなどの就業体験の機会を積極的に設けるとともに，地域や産業界等の人々の協力を積極的に得るよう配慮するものとする。
5　教育課程の実施等に当たって配慮すべき事項
(2) 学校の教育活動全体を通じて，個々の生徒の特性等の的確な把握に努め，その伸長を図ること。また，生徒が適切な各教科・科目や類型を選択し学校やホームルームでの生活によりよく適応するとともに，現在及び将来の生き方を考え行動する態度や能力を育成することができるよう，ガイダンスの機能の充実を図ること。
(4) 生徒が自己の在り方生き方を考え，主体的に進路を選択することができるよう，学校の教育活動全体を通じ，計画的，組織的な進路指導を行い，キャリア教育を推進すること。

【引用文献】
中央教育審議会答申　1999　初等中等教育と高等教育との接続の改善について
中央教育審議会答申　2008　幼稚園、小学校、中学校、高等学校及び特別支援学校の学習指導要領の改善について
中央教育審議会答申　2011　今後の学校におけるキャリア教育・職業教育の在り方について
文部科学省　2004　キャリア教育の推進に関する総合的調査研究協力者会議報告書
文部科学省　2006a　小学校・中学校・高等学校キャリア教育推進の手引
文部科学省　2006b　教育基本法
文部科学省　2007　学校教育法

文部科学省　2008　教育振興基本計画
文部科学省　2011a　小学校キャリア教育の手引き（改訂版）
文部科学省　2011b　高等学校学習指導要領

第4章
キャリア教育を進めるための校内体制の整備

　キャリア教育を推進するためには、教育課程に位置づけ、全職員の共通理解の下で取り組む必要がある。そのために校長は、キャリア教育について明確な指針を持ち、自校の生徒たちにどのようなキャリア教育が求められているのかを見極め、学校経営計画として打ち出さなければならない。

　この学校経営計画を受け、キャリア教育の実践を支える「キャリア教育推進委員会」等の校内組織を整える必要がある。キャリア教育が学校の教育活動全体を通じて行われることを踏まえると、推進委員会は、学校全体の既存の組織を包含したような組織、既存の分掌等の組織とは別の学校全体の教育活動を俯瞰できるような横断的な組織であることが望ましい。

　国立教育政策研究所（2013a）の「キャリア教育・進路指導に関する総合的実態調査第一次報告書」では、小学校・中学校・高等学校におけるキャリア教育の中心を担う担当者の校務分掌の状況について報告している（表4-1）。小学校の組織体制では、約8割の学校がキャリア教育担当者を配置している。これについては、キャリア教育推進への対応が進みつつあると評価する一方、担当者の多くが他の職務との兼任であること、担当者が一人のみの割合が高いこと等の課題が指摘されている。中学校については、教員の在任期間が短い傾向と、第3学年の学級担任等との兼任も約4割に及ぶことから、卒業学年に焦点を当てた組織体制

表4-1　キャリア教育を中心となって進める担当者の校務分掌

	担当者の校務分掌	小学校(%)	中学校(%)	高等学校(%)
1	担当者はいない	16.1	2.0	2.8
2	キャリア教育のみを担当している	1.5	4.6	9.1
3	ほかの担当と兼任している	82.4	93.4	88.1

(国立教育政策研究所　2013a「キャリア教育・進路指導に関する総合的実態調査第一次報告書」から)

となっている可能性もあり、中学校3年間の継続性や系統性の確保の面から改善が望まれるとしている。

こうした組織上の課題解決を進めるとともに、以下に述べる4つの観点から校内体制を整備していくことが重要である。

1　教員の資質向上と専門的能力

指導者である教員の資質や専門性の向上は、キャリア教育の推進に欠かすことはできない。特に、キャリア教育が求められている背景やその本質的理解をすべての教員が共有し、教員一人一人の十分な理解と認識を確立することが不可欠である。

そのためには、各教科、総合的な学習の時間、特別活動、課外活動などの取組をキャリア教育の視点から振り返り、基礎的・汎用的能力を構成する4つの能力の育成が期待される、「キャリア教育の断片」とも言うべき実践に着目するスキルが必要となる。さらには、子どもたちに身につけさせたい能力・態度等に関わる目標設定とその評価方法等を、教育活動での実践の積み重ねと学校内外での研修をとおして習得していくことが求められる。

キャリア・カウンセリングを担当する教員の養成も、重要な校内体制

整備の一つである。学校におけるキャリア・カウンセリングは、子どもたち一人一人の生き方や進路選択に関する悩みなどを受け止め、自己の可能性や適性についての自覚を深める支援を行う取組である。文部科学省（2004）「キャリア教育の推進に関する総合的調査研究協力者会議報告書」においては、キャリア発達を支援するためには、個別の指導・援助を適切に行うことが大切であり、特に、中学校・高等学校の段階では、一人一人に対するきめ細かな指導・援助を行うキャリア・カウンセリングの充実が極めて重要であると指摘されている。

キャリア・カウンセリングには、専門的な知識や技能、カウンセラーとしての技術などが求められる。こうした専門性を持つ中心的な役割を果たす、教員を養成していく必要があることは言うまでもないが、基本的なキャリア・カウンセリングについては、すべての教員ができるようになることが望まれる。

しかし、国立教育政策研究所（2013a）「キャリア教育・進路指導に関する総合的実態調査第一次報告書」によれば、キャリア教育に関する校

平成24年度内に参加した（予定がある）校内研修会	小学校（％）	中学校（％）	高等学校（％）
キャリア教育の概要や推進方策全般に関する研修	21.3	17.2	11.2
キャリア教育の授業実践に関する研修	14.8	17.7	6.8
キャリア教育の評価に関する研修	3.1	3.8	2.1
キャリア・カウンセリングの実践に関する研修	4.5	16.2	17.5
雇用・就職・就業の動向に関する研修会	1.7	3.6	13.6
グローバル化などの社会・経済・産業の構造的変化に関する研修	1.6	1.7	2.1
上記以外のキャリア教育に関する研修	8.0	8.4	8.5
上記のいずれにも参加したことはない	65.2	47.1	47.9

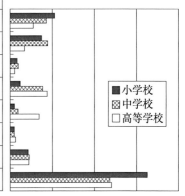

図4-1　平成24年度に参加した（参加予定がある）校内研修会
（国立教育政策研究所　2013a「キャリア教育・進路指導に関する総合的実態調査第一次報告書　学級担任調査」から）

校外研修（平成20〜24年度）参加状況	小学校(%)	中学校(%)	高等学校(%)
同一校種他校のキャリア教育に関する授業研究会	13.6	20.9	10.3
教育相談、キャリア・カウンセリング等に関する研修会	28.5	28.3	26.1
雇用・就職・就業の動向に関する研修会	3.7	6.0	15.5
グローバル化などの社会・経済・産業の構造的変化に関する研修会	4.2	3.0	5.7
上記以外のキャリア教育に関する授業研究会、研修会	19.3	16.0	18.2
研修会には参加していない	30.2	19.6	30.4

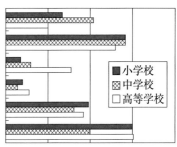

図4-2　学校外における研修等への参加状況（平成20年度から5年間）
（国立教育政策研究所　2013a「キャリア教育・進路指導に関する総合的実態調査第一次報告書　学級担任調査」から）

内研修に参加したことがない中学校・高等学校の担任の割合が約5割に及び、小学校教員に至っては6割を超えている（図4-1）。教育活動全体を通じた系統的なキャリア教育の実践のために研修機会の拡充を図ることは、全ての学校種に共通した課題であるといえるだろう。

2　保護者との連携

　家庭教育の在り方、保護者の考え方や態度は、子どもたちのキャリア形成に大きく影響を与えるものと思われる。保護者の働く姿を子どもたちが日常の中で捉え、そこから多くのことを学んでいた時代もあったが、近年の少子高齢社会の加速度的な進展は、家庭環境を大きく変化させた。一例として挙げると、子どもたちが家事分担を負うことや、保護者との会話も少なくなってきているのではないだろうか。学校と協力して、しつけや子どもへの接し方、家庭における役割・家事分担、家族での会話などの基礎的生活習慣の向上を図ることは、保護者に期待されるところと認識すべきであろう。こうした家庭での人間関係や生活体験をとおし

て「生き方」の基礎が培われ、学校は家庭と連携してキャリア形成に資することを、保護者に向けて発信・啓発していかなければならない。その方法として学校だより、保護者会、懇談会、面談、家庭教育講演会などが挙げられる。

また学校は、キャリア教育に関わる学校の取組に、保護者の理解を求めていかなければならない。保護者がキャリア教育に関する知識や情報を必ずしも十分に得られていない状況に配慮し、産業構造や進路を巡る環境の変化等の現実に即した情報を提供していくことが必要である。そして、大人が子どもに働きかけることなどについても、共通理解を図ることが必要である。

これについては、国立教育政策研究所（2013a）の「キャリア教育・進路指導に関する総合的実態調査第一次報告書」で、小学校・中学校・高等学校のいずれの学校種においても保護者のキャリア教育に対する認知度は高いとは言えないという分析を報告している（図4-3）。同時に、キャリア教育に対する潜在的な期待度は高いとし、学校がキャリア教育の充実とともに、その取組について積極的に家庭・地域社会に発信していく必要性を言及している。

「キャリア教育」という言葉について	小学校(%)	中学校(%)	高等学校(%)
聞いたことがある	26.4	30.0	34.7

（「聞いたことがある」と回答した保護者のうち）

（「聞いたことがある」と回答した保護者のうち）キャリア教育の推進が求められていることについて	小学校(%)	中学校(%)	高等学校(%)
知っていた	24.8	23.8	22.5
なんとなく知っていた	53.9	53.5	55.2
知らなかった	21.3	22.8	22.2

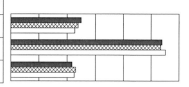

図4-3　保護者のキャリア教育に対する認知
（国立教育政策研究所　2013a「キャリア教育・進路指導に関する総合的実態調査第一次報告書　保護者調査」から）

3　学校外の資源活用

「キャリア形成を支援する労働政策研究会」報告書（厚生労働省，2002）は、教育における職業意識の涵養や体験学習等のキャリア準備について、企業の果たしうる役割は大きいと指摘している。その上で、日常生活の中で「生の職業」に触れることの少ない生徒に対するインターンシップの実施や企業人を中学校・高等学校に派遣する等、企業現場との接触の場をつくるほか、教育機関と協同で教育に携わること等、具体的に述べている。キャリア教育を推進する上で、学校外の教育資源を有効に活用することは不可欠な取組であり、職場体験やインターンシップは、そうした活用例の代表的なものである。

2012（平成24）年に国立教育政策研究所が全国の国・公・私立の中学校及び高等学校（全日制・定時制・通信制）を対象に行った「職場体験・インターンシップ実施状況等調査」によると、公立中学校における職場体験の実施率は98.0％、公立高等学校（全日制・定時制）における実施率は79.8％で、ともに過去最高となっている。このことからも、子どもたちのキャリア形成の一つの取組として浸透していることがわかる。

しかし、学校からは受入先の確保が困難という課題が多く挙げられ、一方、企業からは教育支援活動を行わない理由として学校側から企業への支援要望がないということが最も多く挙げられるなど、その調整に課題が認められる。学校が外部の教育資源を円滑に確保する方策については、教員自身が常に高いアンテナを持って情報を集めておくことが考えられるが、担当する教員の大きな負担となっているケースもある。そのため、できるだけ教員の負担とならないような方法を工夫することが、学校外部の教育資源と連携・協働したキャリア教育をより一層進めていく際の重要なポイントである。

こうした課題に対し、まずは、学校にとって身近な存在としてのＰＴＡなどと協働することが考えられる。また、地域の人材に太いパイプを持つＰＴＡ役員等を代表として学校応援団を組織することや、学校支援地域本部の活用も対応策の一例として挙げられる。この他に、都道府県・市町村教育委員会や各学校が主体となって、地域社会や産業界等の協力を得ながら、協議会などの恒常的な組織を立ち上げることも有効な方策である。文部科学省（2011）「キャリア教育における外部人材活用等に関する調査研究協力者会議」は、次のような実践事例を紹介している。

1) 滋賀県教育委員会においては、完全学校週5日制がスタートした平成14年度から、社会全体で子どもの育ちを支える環境づくりを進めている。全ての公立学校の校務分掌に「学校と地域を結ぶコーディネート担当者」を位置づけるなど、学校と地域社会との連携推進に努めてきた。

　　平成19年度からは、専門的な知識や技能を持った地域社会の人々・企業・団体等（支援者）が学校を支援する仕組みづくりの推進を目的に推進事業（地域の力を学校へ）に取り組んでいる。生涯学習課内に「しが学校支援センター」を設置し、学校支援ディレクター及び推進員を配置して学校と支媛者とのコーディネートを行っている。他に、支援者の専門的な知識や技術を活かした体験的な学習や学校での出前授業などに関わる情報の検索が可能な「学校支媛メニュー」一覧を県教育委員会公式ウェブサイト上に開設、さらに、当該特設サイトへの登録支援者が県内教職員と直接気楽に意見交換し、支援内容についての相互理解を深められるよう「学校支援メニューフェア」を毎年度開催している。

2) 東京都大田区においては、職場体験活動・キャリア教育を推進するため、学校現場への支援と事業所・地域社会への啓発活動を行う

ことを目的として、経営者、教育関係者、ＰＴＡなどにより「キャリア教育推進協議会21」を構成している。

「キャリア教育推進協議会21」では、関係団体による体験受け入れ事業所の紹介、職業人講師の紹介等の支援、マッチングシステムの開発・研究などを行っている。他に、教育委員会と連携・協働して職場体験活動を効果的に進めるための「職場体験ガイタンス」や、職場体験活動を行うにあたっての学校における「安全指導・衛生指導マニュアル」「保護者向けリーフレット」の作成・改訂などを行ったり、セミナーを開催し、職場体験活動・キャリア教育の課題を議論し理解を深める取組を行ったりしている。

外部の教育資源を活用するにあたり、こうした事例を踏まえながら、学校は、その目的や期待する効果等をあらかじめ明確にし、それを地域社会に対して説明するとともに、外部に任せきりにすることにならないよう、教員が主体的に関わることが必要である。その際、地域社会に対しては、学校教育への様々な支援方法があることを提示しつつ、協力を仰いでいくことなどが望まれる。

4　関係機関との連携

教育基本法（2008）では、学校、家庭及び地域住民その他の関係者は、教育におけるそれぞれの役割と責任を自覚するとともに、相互の連携及び協力に努めるものとする（第13条）と定めている。また、中央教育審議会答申（2011）の「今後の学校におけるキャリア教育・職業教育の在り方について」では、キャリア形成には、一人一人の成長・発達の過程における様々な経験や人との触れ合いなどが総合的に関わってくると述べ、連携の必要性についての基本的な考え方を示している。様々な機

表4-2　キャリア教育の一環として行う諸機関との連携

	小学校(%)	中学校(%)	高等学校(%)
1　家庭や保護者（PTAの委員会などを含む）	70.3	90.7	58.9
2　卒業生による組織（同窓会等）	－	－	59.9
3　企業や事務所など	69.8	97.4	80.8
4　公共職業安定所（ハローワーク）	－	21.3	51.9
5　ジョブカフェ	－	2.7	16.8
6　地域若者サポートステーション（サポステ）	－	1.0	9.3
7　特定非営利法人（キャリア教育コーディネーター等）	17.4	12.1	25.8

※実施率として表記（「特に連携はしていない」と回答した割合を100％から引いた数値）
　－　は未調査のもの
　□　は小学校・中学校・高等学校を比較して、それぞれの項目で割合が最も高いもの

（国立教育政策研究所　2013b「キャリア教育・進路指導に関する総合的実態調査第二次報告書」から）

関がそれぞれの役割を踏まえた上で協働して、一体となった取組を行うことが求められている。

　国立教育政策研究所（2013b）「キャリア教育・進路指導に関する総合的実態調査第二次報告書」によると、校外関係諸機関などとの連携計画を作成する学校は、学校段階が上がるにつれて増えている（表4-2）。キャリア教育の計画を立てる上では、保護者や地域社会、外部団体との連携を図ることが重視され、連携先を学校種別にみると、職場体験の受入依頼の必要から家庭や保護者、企業や事業所との連携は中学校で盛んに行われている。その他の事業所等との連携は高等学校でよく行われているといえる。本書では、関係機関を4つに整理し、それぞれとの連携の在り方等についてまとめた。

　1）　地域社会
　　　社会が多様化・複雑化する中で、子どもに仕事や職業を認識させるためには、雇用や福祉等についての一定の知識や経験を持ってい

る者と協働でかかわることが望ましい場合もある。社会人・職業人としての知識や経験豊富な地域社会の様々な立場の人々に、参画を得ることが不可欠である。参画をしてもらうためのその方法の一つは、卒業生や社会人の講話、グループに分かれての話し合い、知識や技能を生かした授業等、学校内で行われる教育活動に地域社会の人々が参加する方法である。二つめはインタビューや対話、ジョブシャドウ（企業等で働く1人の社会人（メンター）に1～3名の学生が1日、影のごとく密着し身近で観察するもの）、職場見学、職場体験活動・就業体験活動等、子ども・若者が企業や地域社会に出向いて実際に働く人々や仕事に触れる方法である。この方法は、現在でも多様な形で多く行われている。

2) 産業界等

産業界等との連携の在り方として、すでに職場体験やインターンシップで言及し、現状及び課題と解決に向けての事例等についても述べた。キャリア教育・職業教育の振興に協力する企業等については、学校側が協力しやすい環境づくりを進めていくことも必要である。一例として、千葉県では、職場見学・体験等の受入先として協力の得られた事業所に「キャリア教育啓発ステッカー」を交付したり、職場に子どもを招いて働く親など身近な大人の姿を見せる「子ども参観日」を実施した事業所名を、県のホームページで紹介する等の取組を進めている。

3) 学校間・異校種間

一人一人の発達の状況を的確に把握し、それに対するきめ細かな支援を行うためには、児童生徒のキャリア発達に関する情報を次の学校段階に引き継いでいくことが必要である。異なる学校種の活動についての理解を深め、その理解を前提とした体系性のある指導計画を作成しなければならない。

例えば、小学校での職場見学、中学校での職場体験活動、高等学校でのインターンシップが、系統性や発展性を欠いた取組として実施された場合、児童生徒にとって新鮮さがなく、目的意識の高まらない活動となる。各発達段階でのキャリア発達上の課題、育成が期待される能力・態度について、相互の関連とともに理解する必要がある。

近年、高等学校と大学・専門学校等との間では、オープンキャンパスの実施、高校生の授業への参加や単位認定、大学からの「出前授業」等の実施など、高大連携にかかる取組が広がっている。このことは、専門性の高い学問への興味関心を高めたり、高等学校から大学・専門学校等への円滑な接続を図ったりする上で大きな効果をもたらすだけでなく、高校生がどのような目的意識を持って上級学校に進学するのか、卒業後の進路や職業をどのように描くのかについて考える上でも大きな意味を持つものである。

4) 家庭・保護者

家庭における子どもたちへの働きかけが、キャリア発達に大きな影響を与えることについては、前述したとおりである。学校と家庭・保護者との共通理解のもと、一体となった取組が期待される。

また、地域の行事への参加や町内会・子ども会活動、地域清掃など、地域との関わりをとおして、自分と地域とのつながりについての理解や地域の一員としての自覚を得させることは重要である。このような異年齢の人々との交流や社会参画の機会をとおして、地域の一員としての自覚を高め、リーダーシップやコミュニケーション能力を養うことが考えられる。

キャリア教育の推進に関わる連携は、学校対関係機関という形だけではない。教育に関わる行政機関は、職業能力の開発・向上の促進等を担う厚生労働省や、企業やＮＰＯ等との民間主体の組織・人材の育成等を

第4章 キャリア教育を進めるための校内体制の整備　43

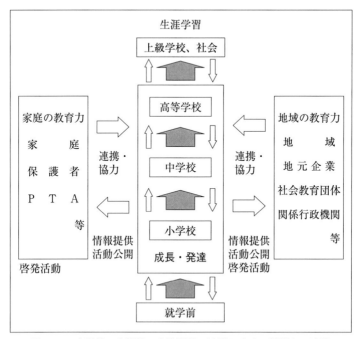

図4-4　小学校・中学校・高等学校の連携と家庭・地域との連携
（文部科学省　2006「小学校・中学校・高等学校キャリア教育推進の手引」から）

行う経済産業省等の関係府省間で連携・協力を図ることが必要である（図4-4）。

　例えば、内閣府（2010）の「子ども・若者ビジョン」においては、社会に積極的に関わる態度を身に付けるため、社会形成・社会参加に関する教育（シティズンシップ教育）を推進することが重点施策とされている。また、経済産業省は、「キャリア教育アワード・キャリア教育推進連携表彰」を設けて、教育支援の奨励・普及する取組を進めている。地域の教育行政を担う都道府県・市町村教育委員会においても、知事・市町村長部局と協力して、縦横の連携の機能を持った組織を設けるなど、支援とリーダーシップが求められている。

【引用文献】

中央教育審議会答申　2011　今後の学校におけるキャリア教育・職業教育の在り方について

厚生労働省　2002　「キャリア形成を支援する労働市場政策研究会」報告書

国立教育政策研究所　2012　職場体験・インターンシップ実施状況等調査

国立教育政策研究所　2013a　キャリア教育・進路指導に関する総合的実態調査第一次報告書

国立教育政策研究所　2013b　キャリア教育・進路指導に関する総合的実態調査第二次報告書

文部科学省　2004　キャリア教育の推進に関する総合的調査研究協力者会議報告書

文部科学省　2006　小学校・中学校・高等学校キャリア教育推進の手引

文部科学省　2008　教育基本法

文部科学省　2011　キャリア教育における外部人材活用等に関する調査研究協力者会議

文部科学省　2012　学校が社会と協働して一日も早くすべての児童生徒に充実したキャリア教育を行うために

内閣府　2010　子ども・若者ビジョン（平成22年7月23日　子ども・若者育成支援推進本部決定）

第5章

キャリア教育における諸理論

　キャリア教育と密接な関連をもつ「発達」は、児童生徒観にも通じる非常に重要な概念である。特に「発達段階に応じたキャリア教育の重要性」については、2011（平成23）年、中央教育審議会答申「今後の学校におけるキャリア教育・職業教育の在り方について」においても、以下のように示されている。

> 　キャリアは、ある年齢に達すると自然に獲得されるものではなく、子ども・若者の発達の段階や発達課題の達成と深くかかわりながら段階を追って発達していくものである。また、その発達を促すには、外部から組織的・体系的な働きかけが不可欠であり、学校教育では、社会人・職業人として自立していくために必要な能力や態度を育成することを通じて、一人一人の発達を促していくことが必要である。
>
> （第1章（1））

　以上のことからも、学校教育におけるキャリア教育は意図的・計画的に目標をもって行うことが求められているといえる。そして、学校教育で経験及び体験するさまざまなことが相互に影響を及ぼし合うことを通じて、児童生徒の人格形成や成長・発達に大きく寄与することを目指した教育を行う必要が求められているといえる。そこで、重要になることが「発達」に対する概念と児童生徒のキャリア教育に向けた「発達段階」の理解である。

1 「発達」の概念について

（1）発達は、生涯続く過程で、全ての人に起こる現象である

「人間は発達する」という人間観を前提に、キャリア教育は生涯を通して行われていくことが重要である。そこで、人間の発達を理解するために「発達心理学」の学問領域が非常に参考となる。これにより、発達の諸理論やメカニズム、発達を促す要因など、様々な理論が子どもたちの「発達段階」を理解し、促進させることに役立てることができる。

その発達については、「個人が時間経過に伴ってその身体的・精神的機能を変えていく過程であり、成長と学習を要因として展開される」（新村，2008）とし、年齢的な成長と学習の相互作用によって起こるとされている。つまりこれは、発達は全ての人に起こる現象であるが、その一方、個人の生育環境や時代背景、個人の持つ特性や条件によって発達速度や発達の様相は異なるともいえる。そして、この発達は生涯続いていく過程として、受胎から死に至るまでの心身の形態や機能の成長の変化を意味している。つまり、発達とは、生涯にわたる時間的な流れが背景とされているのである。通常の場合は、「過程」はこのように時間経過の意味を持つのだが、キャリア教育においてはこれに加えて、目標に向かって前進するという意味も含む。いいかえるとキャリア教育は、ヒトの一生涯を通して目指す課題とされる「自己実現」にも通ずるともいえるであろう。

（2）発達の機能と可変性

発達は、発達課題の獲得とともに喪失の過程をもつ。その代表的な例がエリクソンの心理・社会的観点を持った漸成的発達理論である。図5-1に示したように各発達段階の心理・社会的危機は、解決できるかが

Ⅷ 老年期							自我の統合 対 絶望
Ⅶ 老年期						生殖性 対 停滞	
Ⅵ 老年期					親密さ 対 孤独		
Ⅴ 老年期				アイデンティティ (同一性) 対 役割混乱			
Ⅳ 老年期			勤勉 対 劣等感				
Ⅲ 老年期		自主性 対 罪悪感					
Ⅱ 老年期	自律 対 恥と疑惑						
Ⅰ 老年期	基本的信頼 対 不信						
	1	2	3	4	5	6	7	8

図5-1　エリクソンの心理社会発達理論の図式
(Erikson, 1982 より作成)

重要になるのではなく、むしろ解決のされ方がどうであるかを問題とするところに特徴がある。

　幼児期には、泣いたときに世話をしてもらうことが発達課題となっている。世話をしてもらうことを通して養育者（例えば、母親）との間に基本的な信頼関係が築くことができるが、泣いても誰も世話をしてくれない、叩かれるなどの経験をすると不信感が生じる。この基本的信頼感は希望という基本的な強さにつながる一方で、不信感は人を避ける、引きこもりといった病理につながりかねない。幼児前期では、排せつのト

レーニングに成功すれば自分でいろいろなことができるという自信につながり（自律）、失敗すると恥や疑惑を経験する。幼児後期では、新しく獲得した能力を積極的に試して褒められて自発性を伸ばすか、それとも抑止されて叱られ罪悪感を持つかといったことが適応的な状況への対応につながる。学童期では、勉学などの課題を勤勉に努力し、今までできなかったことができるようになるという成果を挙げるか、または自分の努力の結果を他人と比較することによって劣等感を持つかといったことを経験する。この時期の課題を乗り越えることは自己肯定感や自尊心の獲得に影響を及ぼすことからも自己欲求と周囲の期待や制約からのバランスを取ることが重要になってくる。青年期では、自己意識が発達し、自分らしさ（自我同一性；ego identity）を探し始める。仲間集団からの評価を意識しながら、様々なことに挑戦し、自分は何ができるのか、自分には何ができないのかといった模索を通して、これこそが自分であるという実感を持つか、または自分が分からなくなるかという社会的危機状態となる。このように成人になって働くまでの青年期の猶予期間をモラトリアムといい、この期間に、「したいことがみつけることができない」「したいことについて考えたことがない、考えたくない」など関与すべきものが見つからない場合は、無気力などの不適応状態に陥ることも生じる。このように乳児期から青年期に至る発達段階には成長・獲得だけではなく、喪失・衰退の側面がある。

　加えて、「発達」は個人の持つ特性や条件、成育環境などに対応して発達する特徴があると同時に、その他の可能性や方向性は喪失するといった過程を持っている。だからこそ、発達段階に応じた目標を設定することが、子どもの成長段階において重要になってくるのである。つまりは、様々な体験や経験は、児童生徒自身に内在化されやすく子どもの持つ力を引き出し、可能性を伸ばすことが可能となる。ようするに、重要な教育的機能を持つことにつながるといえる。

2　学校段階における児童生徒のキャリア発達課題

　先述したように、発達は生涯にわたる過程であり、年齢的な成長と学習の相互作用によって発達過程は生じる。その過程で、年齢に応じた学習や教育環境を与えることで発達が促進されることからも、成長の連続性を重視したキャリア教育の実践が重要となり、学校教育現場には求められるといえよう。すでに、国立教育政策研究所生徒指導・進路指導研究センター（2014）では、小学校・中学校・高等学校のキャリア発達について、それぞれの学校段階において「基礎的・汎用的能力」の目標設定のための糸口が提示されている（表5-1）。

表5-1　学校段階別にみたキャリア発達

小学校	中学校	高等学校
進路の探索・選択にかかる基盤形成の時期	現実的探索と暫定的選択の時期	現実的探索・施行と社会的移行準備の時期
・自己及び他者への積極的関心の時期・発展 ・身のまわりの仕事や環境への関心・意欲の向上 ・夢や希望、あこがれる自己イメージの獲得 ・勤労を重んじ目標に向かって努力する態度の形成	・肯定感自己理解と自己有能感の獲得 ・興味・関心等に基づく勤労観、職業観の形成 ・進路計画の立案と暫定的選択 ・生き方や進路に関する現実的探索	・自己理解の深化と自己受容 ・選択基準としての勤労観、職業観の確立 ・将来設計の立案と社会的移行の準備 ・進路の現実吟味と思考的参加

（文部科学省　2014　国立教育政策研究所　生徒指導・進路指導研究センター）

　次に、学校段階別のキャリア発達の課題について、国立教育政策研究所生徒指導・進路指導研究センター（2014）を参考に、以下にまとめてみた（図5-2）。

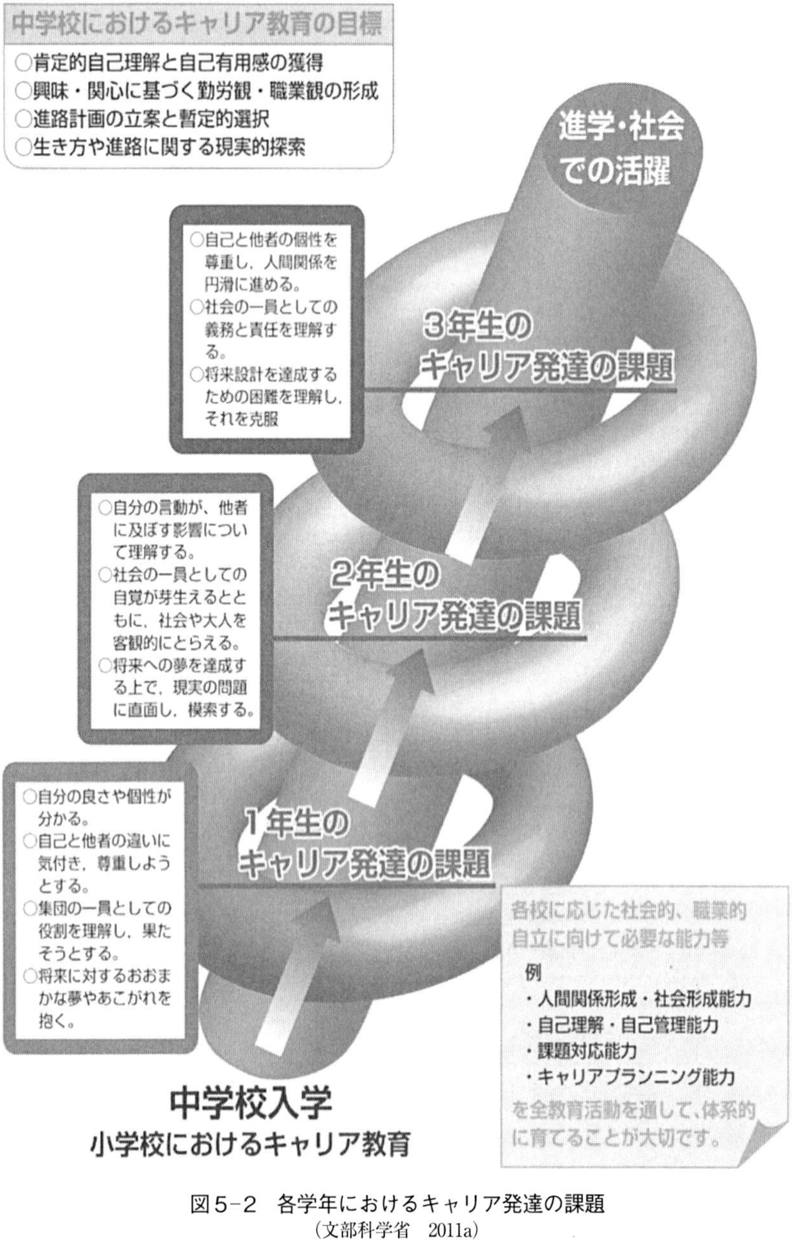

中学校におけるキャリア教育の目標
○肯定的自己理解と自己有用感の獲得
○興味・関心に基づく勤労観・職業観の形成
○進路計画の立案と暫定的選択
○生き方や進路に関する現実的探索

進学・社会での活躍

3年生のキャリア発達の課題
○自己と他者の個性を尊重し、人間関係を円滑に進める。
○社会の一員としての義務と責任を理解する。
○将来設計を達成するための困難を理解し、それを克服

2年生のキャリア発達の課題
○自分の言動が、他者に及ぼす影響について理解する。
○社会の一員としての自覚が芽生えるとともに、社会や大人を客観的にとらえる。
○将来への夢を達成する上で、現実の問題に直面し、模索する。

1年生のキャリア発達の課題
○自分の良さや個性が分かる。
○自己と他者の違いに気付き、尊重しようとする。
○集団の一員としての役割を理解し、果たそうとする。
○将来に対するおおまかな夢やあこがれを抱く。

中学校入学
小学校におけるキャリア教育

各校に応じた社会的、職業的自立に向けて必要な能力等
　例
　・人間関係形成・社会形成能力
　・自己理解・自己管理能力
　・課題対応能力
　・キャリアプランニング能力
を全教育活動を通して、体系的に育てることが大切です。

図5-2　各学年におけるキャリア発達の課題
（文部科学省　2011a）

（1）小学生のキャリア発達の課題

　低学年では、「学校生活への適応」が重要になってくる。これは幼児期の家庭中心の生活から学校教育集団の中で、友だちと仲良く遊ぶ、挨拶や返事をする、友だちと助け合うといった家族とは異なる他者との関わりを学ぶことにつながるからである。なかでも係や当番の活動といった役割のある仕事は、自分がその集団で役立っていることや自身の良さと価値を知るきっかけにもなる。同時に、学校生活を通して好きなことを見つけて活動し、自分の周りのことに関心を高めていくといったこと、そしてその延長上として、身近で働く人々に対してや、「働くこと」に興味と関心を持たせ、社会が人によって支えられ、自身も将来は社会の一員となる存在だという意識を育むことも重要になってくる。

　中学年では「友だち作りや集団の維持」が課題となってくる。自分の良さに気づきつつ友だちの良さも発見してその良さを認め、励まし合うあたたかい関係を作ることができるようにしたい。集団を維持するうえでは、互いの良さに気づいて役割や役割分担の必要性を理解させ、責任を持って行動する態度を育成することも重要である。そこで、係や当番の活動を積極的にかかわらせながら、だれかのために役立つといった働く喜びや楽しさ、達成感や成就感を経験させたい。これらの経験と並行して身近な人から世の中の職業や生き方に視点を移行させた職業観の育成が必要になってくる。世の中にはいろいろな職業や生き方があることを理解させ、また自分の生活や学習が将来の生き方と関係することに気付かせ、自分の将来への関心を持たせることが重要になってくる。このようなプロセスの中で自分の将来への夢や希望を持った生活をすることで生き生きとした活動ができるようにしていくことも大切である。

　高学年では、「集団の中での自分自身の役割の自覚」が非常に重要な課題となる。そのため、自分の長所や短所に気づき、自分の良さを発揮するなか「自分」についてポジティブな感情を持つことができるように

したい。また、上級生として下級生の世話や面倒をみる、活動の主体となって積極的に創意工夫した企画・運営をするなど、役割と責任を果たそうとする態度を育てたい。それらを通して、人はそれぞれの特性や良さを生かした役割が世の中の社会生活にもあることを理解し、仕事との関連性を通じて役割があることを気づかせることも大切である。そこで、将来に向けて憧れの職業を持たせ、そのために今からできることを考えさせ、実際に行動にうつさせることも重要である。その際、具体的にその職業を見聞きしたり、必要な情報を収集し、働くことの意義を考えさせたり、大変さを実感させたい。そして、現在の自分の生活や学校生活での学びや経験が、将来の自分の生活や職業と関連があることに気付かせ、夢や目標に向けて努力する態度と意欲的に生活する姿勢を育成したい。

(2) 中学生のキャリア発達の課題

性的成熟が始まり、身長・体重が急激に増加し、男子は精通、女子は初潮を迎えるといった心身の変化が大きい時期となる。知的な能力も高度になり、周囲と比較する中で自分を捉え直す。このような状況の中で、これからの人生を考えるなか、現実的な進路選択を迫られ、自分の意志と責任で進路を決定するという非常に重要な岐路にたつ。そのため、多様な生き方や進路選択が可能であることについて情報を適切に収集して理解し、自分を見つめて社会とのかかわりを考え、社会的・職業的自立に向けて基盤となる必要な能力や態度の育成が重要になってくる。なかでも特に、他者と比較して劣等感を持ちやすく自己肯定感を低めやすい時期であることに考慮し、仲間関係を良好に維持するなか、教師や保護者といった周囲の大人からの肯定的なフィードバックも大事にしたい。これらを踏まえ、文部科学省が示す各学年段階におけるキャリア発達の特徴の例を紹介する（表5-2）。

第5章　キャリア教育における諸理論　53

表5-2　各学年段階におけるキャリア発達の特徴の例

1年	2年	3年
・自分のよさや個性が分かる ・自己と他者の違いに気付き、尊重しようとする反面、自己否定等の悩みが生じる ・集団の一員としての役割を理解し、それを果たそうとする ・将来の職業生活との関連の中で、今の学習の必要性や大切さを理解する ・学習の過程を振り返り、次の選択場面に生かそうとする ・将来に対する漠然とした夢や憧れを抱いている	・自分の言動が他者に及ぼす影響について考える ・社会の一員としての自覚が芽生えるとともに、社会や大人を客観的に捉えるようになる ・体験等を通して、勤労の意義や働く人々の様々な思いが分かる ・よりよい生活や学習、進路や生き方等を目指して自ら課題を見出していくことの大切さを理解する ・将来への夢を達成する上での現実の問題に直面し、模索する	・自己と他者の個性を尊重し、人間関係を円滑に進めようとする ・社会の一員としての参加は義務や責任が伴うことを理解する ・係・委員会活動や職場体験等で得たことを、以後の学習や選択に生かそうとする ・課題に積極的に取り組み、主体的に解決していこうとする ・将来設計を達成するための困難を理解し、それを克服するための努力に向かう

（国立教育政策研究所生徒指導・進路指導研究センター　2014）

(3) 高校生のキャリア発達の課題

　高校生は、身体がほぼ成熟し、身体の変化を通じて大人に近づくという変化と同時に自我の形成が進むなか、自立の要求が高まってくる。その一方、喜びだけではなく、不安や怯えなど否定的な感情も持つ。このような感情は親、教師、友だちといった周囲からの評価や受験や進学などの社会的な文脈の影響をうける中で、円滑な人間関係を築くことが求められているが、社会性の未熟さやストレス耐性などから、自身に自信を持つことができないという生徒も少なくない。

　また、この時期は、自分の人生について見つめ、生きていることの意味や自分とは何者であるのかといったように自分自身の生き方やあり方を問う時期でもあり、世の中をどのように生きていくべきかという課題や問題に出会う時期でもある。就職や進学という岐路を控え、自己実現

の欲求を持ちながらも、現実的な検討や選択、具体的な決定をするために、自分と向き合うことが求められる。自分自身の将来を具体的に設計し、見通しを立てて周囲の人との関係を安定的にして積極的に取り組む生徒がいる一方で、周囲の意見に耳を傾けることができずに理想を追い求め、現実を否定する、あるいは周囲に責任を押し付け自身が実行に移すことを拒否するなど、先行きが見えない中で持つこの時期特有の様々な不安や悩みを抱えやすい。そのため、無気力に陥る、対人関係を拒否する、といった生徒もみられる。そこで、このような時期の高校生には「自己理解の深化と自己受容」「選択基準としての勤労観、職業観の確立」「将来設計の立案と社会的移行の準備」「進路の現実吟味と思考的参加」が重要な課題（国立教育政策研究所生徒指導・進路指導研究センター、2014）となる。そのために、キャリア発達の観点から高校生を理解することは具体的な目標設定に基づいた支援をするときに重要な観点となるだろう（表5-3）。

表5-3　高校生におけるキャリア発達の特徴の例

入学から在学期間半ばごろまで	在学期間半ばごろから卒業を間近にするところまで
・新しい環境に適応するとともに他者との望ましい人間関係を構築する ・新たな環境の中で自らの役割を自覚し、積極的に役割を果たす ・学習活動を通して自らの勤労観、職業観について価値関係性を図る ・様々な情報を収集し、それに基づいて自分の将来について暫定的に決定する ・進路希望を実現するための諸条件や課題を理解し、検討する ・将来設計を立案し、今取り組むべき学習や活動を理解し実行に移す	・他者の価値観や個性を理解し、自分との差異を認めつつ受容する ・卒業後の進路について多面的多角的に情報を集め検討する ・自分の能力・適性を的確に判断し、自らの将来設計に基づいて、高校卒業の進路について決定する ・進路実現のために今取り組むべき課題は何かを考え、実行に移す ・理想と現実との葛藤や経験等を通し、様々な困難を克服するスキルを身に付ける

（国立教育政策研究所生徒指導・進路指導研究センター　2014）

3　キャリア教育のための理論

　人は誕生から老齢期まで、その時々に様々な役割を持つ。人生において、今生きている環境や与えられた状況といった自分を取り巻く環境の中で、行動や考え方をその時期にあわせて順応的に、柔軟に変容させることが必要になってくる。つまりは、仕事での役割だけを重視することがキャリアではなく、人生を生きているという事実を重視した「自分らしい生き方」につながるものがキャリアとなる。そのためには、環境に働きかけてより良い状況や状態を形成する適応的な能力を身に付けることが重要であるため、児童生徒のキャリア教育にも求められるといえる。そのキャリア教育を考えるとき、児童生徒の成長発達を支えるために有用な理論がある。その代表的なものとして、「D.E.スーパーの発達理論」「J.L.ホランドの特性・因子論」「H.B.ジェラットの意思決定理論」「J.D.クランボルツの学習理論」など代表的なものがある。

1)　D.E.スーパーの発達理論

　発達理論は、進路選択のその時だけにとどまらず、生涯にわたるプロセスとして、変化する自己と環境や状況のなか、職業への適応や内容がつながって、人生の形成を紡いでいくことを「キャリア」とする理論である。代表的な理論として、D.E.スーパーが提唱したキャリア発達に関する「ライフ・スパン/ライフスペース理論的アプローチ」がある（Super, Savickas & Super, 1996）。人は生涯の中で、「子ども」「学ぶことに従事する者」「余暇を過ごす者」「市民や国民」「労働者」「家庭人」「その他（病にある者、年金受給者、宗教人など）」の7つの役割をあげ、様々な役割を全て同じように果たすのではなく、その時々の自分にとっての重要性や意味に応じて、それらの役割を果たそうとしているとした。

そこで、仕事とその環境や状況との適応に焦点をあて、自己概念を具現化する試みとしての職業選択、仕事、自己と環境の調和を図る持続的なプロセスとしての発達を概念化した。いいかえると、職業を理解し、職業に就く準備を整えて職業を探究し、より幅広い希望を実現しようとする努力を重視するなか、自分と働くことの関係や価値観を、「時間軸の生涯」と「その過程における役割」という軸の2つの次元の交差の中で人は生き、個人のキャリアの方向性を計画することに役立てられるとした。

図5-3は自分に期待される複数の役割を統合して自分らしい生き方を展望して実現していくための「ライフキャリアの虹」（国立教育政策研究所生徒指導・進路指導研究センター，2014）である。

たとえば、15歳では、「子ども」「学生」「余暇人」「市民」の役割がある。ここで重要になることは「子ども」「学生」「余暇人」という内容

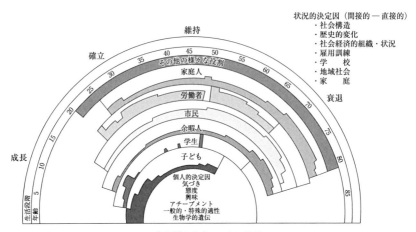

—ある男のライフ・キャリア—
「22歳で大学を卒業し、すぐに就職。26歳で結婚して、27歳で1児の父親となる。47歳の時に1年間社外研修。57歳で両親を失い、67歳で退職。78歳の時妻を失い81歳で生涯を終えた。」D.E.スーパーはこのようなライフ・キャリアを概念図化した。

図5-3 「ライフキャリアの虹」
（文部省　平成4年『中学校・高等学校進路指導資料第1分冊』から）

である。「子ども」や「学生」として期待される役割、「余暇人」としての遊びや趣味・興味関心の活動といった内容、そして、それらにどのように取り組んできたのか、それを通して「自己」をどのように理解・認識し、それらに基づいて将来の選択や自身の役割をいかに選択し、計画して取り組もうとしていこうとしているのか、といったことである。つまり、この過程がキャリアの発達であり、キャリア形成されていくための重要な視点ともいえる。そのため、この段階でどのようなキャリアが展望され、実際に「今」の行動となっているのかが捉え直され、必要に応じて修正していきながら、キャリアを形成することが求められるのである。だからこそ、このようなキャリア発達の課題を達成していくためには、学校教育におけるキャリア教育の充実が必要なのである。そのキャリア教育を通じて、社会構造や歴史的変化、社会経済的組織や状況といった社会認識や自分の良さや個性、役割といった自己の認識を統合させて、生涯を通して自立していくことができる自己を方向付けさせることが重要になってくる。

　また、生涯という時間軸において、発達段階の中でも特に、D.E.スーパーは思春期に着目している。思春期においては、キャリア選択のレディネスが暦年齢及び学年進行とともに増加することが明らかとなっている。このことより、思春期のキャリア発達の中心的なプロセスは、「成熟」であることを見出した。成熟を前に推し進める力（推進力）は、学校教育課程のカリキュラムであり、教師や家族といった周囲の人の心の中にある心理社会的な期待などである。そのため、キャリア教育の意味や意義、必要性を理解して教育課程へ位置付け、全体計画及び年間計画の作成を行うなど校内組織や学校外の連携推進体制を整備し、教育課程全体を通じた実践を行い、評価と検証、改善を行うことが求められる。そのような中で、周囲の大人である教師や親が、児童生徒にポジティブなフィードバックやあたたかい言葉かけ（認める、励ます、促すなど）

をするようにしたい。しかし、卒業後の社会では、キャリア発達に対する心理社会的な推進力は、仕事内容や条件とその変化へと移行する。このため、成人期や高校卒業後に就職した場合のキャリア発達の基本的な概念は、「適応力（Adaptability）」とされている（図5-4）。つまり、キャリア発達を促進していくためには、この適応力も身に付けるべき視点として重要になってくるといえよう。

さらに、重要な概念は「人」と「職業」との適合である。これについては、職業適合性（Vocational Fitness）として、人と職業の適合のダイナミズム能力（Ability）と人格・パーソナリティ（Personality）に区分し、そのうち能力を現在到達している状態を示す技量（Proficiency）と「将来何ができるか」「達成されるであろう可能性」を示す適正（Aptitude）に大別した。

図5-4　D.E.スーパーの職業適合性
（国立教育政策研究所生徒指導・進路指導研究センター　2014より）

2）J.L.ホランドの特性・因子論

個々人の発達過程において、生活してきた様々な環境と個人との相互作用により、キャリア行動に関する知識の枠組み（スキーマ）が構築されるとした。そして、職業選択とパーソナリティの関連を取り上げ、「現実的」「慣習的」「企業的」「社会的」「芸術的」「研究的」の6つに分

類し、それぞれに適した職業環境を示した。この理論により開発された心理テストが、「職業レディネステスト（Vocational readiness test）」である。興味や自信から自己のパーソナリティを探り、自己理解をして、自身の職業に対する準備度（レディネス）を把握し、生徒が職業に関するイメージをチェックし、進路選択への動機付けを促すことができる。そのため、「将来、自分が何をしたいのかがわからない」「進路を絞り込むことができない」「職業に対するイメージがわかない」などの悩みを持つ生徒にとっては特に自己理解の機会となり、また、将来に希望や夢を持つ生徒には「自分に向いている職業だ」など、自分について再確認・再認識するといったように、生徒にとって前向きな自分につながっていくような方法の一つとして役立てたい。ただし、テストの結果に一喜一憂して振り回されずに、今この時点における特性を一つの方法の視点からとらえているだけにすぎず、その後の成長や将来を決定づけるものではないことを理解した上で、テストの結果をその後のその人自身の将来に向けて活用することが肝要である。

3）H.B.ジェラットの意思決定理論

ジェラットは、連続的意思決定理論（The Sequential Decision-Making Prosess）で、探索的決定から最終決定へと進む過程を提唱した（図5-5）。

また、図5-5の連続的意思決定プロセスに照らし合わせて、進行させるためのガイダンスを示している（表5-4）。このガイダンスは、指導をする際、生徒の可能性を最大限引き出すために、生徒自身の意思決定を援助するという視点が含まれている。そのため、生徒を援助する時、非常に参考となる。

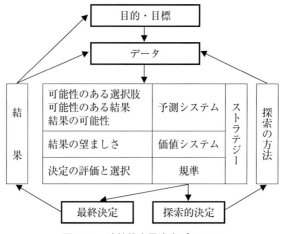

図5-5 連続的意思決定プロセス
(渡辺 2014による出典:Gelatt, 1962)

表5-4 連続的意思決定のプロセスに沿ったガイダンス

1　情報収集を生徒に行わせる。
2　生徒に意思決定の時機を捉えさせる。
3　意思決定をする際、人が陥りやすい誤りについて注意させる。
　① 正確に選択肢の可能性を評価しているか。
　② あり得る選択肢を網羅できているか。
　③ 自分の頭の中にあるものでしか認識していないということはないか。
4　現実を吟味し、目の前にある決定が究極的な目標を促進させていくものであることを理解させる。
5　連続的意思決定のプロセスを理解させる。
　① 全選択肢に気付かせる。
　② 十分な情報を得る。
　③ さまざまな情報の関連性と信頼性を検討させる。
　④ それぞれの価値から結果を評価させる。
6　本プロセスの実行が効果があったかどうか評価する。
　① 連続意思決定のモデル(5の①〜④)に沿って意思決定が進行できるようになったか。
　② 自分が行った決定の責任を取ることができるようになったか。
　③ 意思決定プロセス自体を実行して効果的であったか。

(渡辺 2014を筆者が修正)

4） J.D.クランボルツの学習理論

　J.D.クランボルツは、人間は「学習し続ける存在」であると強調し、そして、人間が新しい行動を獲得し、これまでの行動を振り返って変容していくことが可能であると示唆している。理論の背景として、A.バンデューラの他人を介して、社会的行動が獲得される過程に焦点をあてた社会的学習理論を基礎において、キャリア意志決定における社会的学習理論（Social Learning Theory of Career Decision Making：以下SLTCDMとする）を提唱した。このSLTCDMは、「なぜ特定の職業を人は選択するのか」「なぜ人は職業を変えるのか」「いろいろな職業に対して好みがあるのはなぜか」といった質問に対して答を与える理論とされ、個人のキャリア意思決定に影響を与える4つのカテゴリーとして、①遺伝的な特性・特別な能力、②環境的状況・環境的出来事、③学習経験、④課題接近スキルを挙げている。具体的な内容を表5-5に示す。

　また、人の人生は偶然によって決定されるとする「プランド・ハプンスタンス理論」も提唱した。将来を予測することができないということを認め、そのうえで、この考えを積極的に活用し、将来によい偶然を生み出すために、事前に種を積極的に巻いておこうとする姿勢を強調している考えである。そこでは、その姿勢を維持するために、好奇心、持続性、柔軟性、楽観性、リスク・テイキングなどが重要になると指摘されている。この理論は、予測できない未来を持つ子ども達にとっては非常に有効な視点といえ、注目に値する。

表5-5　キャリア意思決定に影響を与える要因

① 遺伝的な特性、特別な能力
　職業的な好みやスキルを獲得するための能力に影響を与える。
　・遺伝的特性には、性差（ジェンダー）、民族、身体的外見、身体的障害を含む。
　・特別な能力には、知能や音楽・芸術に関する能力や運動能力などを含む。
　　ただし、遺伝的特性と選ばれた環境との相互作用の結果として生じる。
② 環境的状況・環境的出来事
　個人のコントロールを超えている出来事。
　　例：雇用機会、訓練機会の数と質、社会政策、雇用者の選抜方法、金銭的・
　　社会的報酬、労働法、労働組合法、自然災害、技術開発、社会的組織の変化
　　（例えば福祉）、家族の社会的・経済的資源、教育システム、コミュニティ
　　の影響力、など
③ 学習経験
　キャリア・パスの選択は、様々な学習経験の結果とする。
　・道具的学習：先行条件、行動、結果として学習する。
　・連 合 学 習：中性刺激とある反応が関連付けられる学習。
④ 課題接近スキル
　学習経験と遺伝的特性と環境的影響力の相互作用の結果。

【引用文献】

小泉令三編　2010　よくわかる生徒指導・キャリア教育　ミネルヴァ書房

国立教育政策研究所生徒指導・進路指導研究センター　2014　キャリア発達にかかわる諸能力の育成に関する調査研究報告書――もう一歩先へ、キャリア教育を極める――実業之日本社

新村出　2008　広辞苑第6版　岩波書房

Erikson, E.H. (1982) The life cycle completed: Areview New York: W.W.Norton. 村瀬孝雄・近藤邦夫（訳）1989　ライフサイクル、その完結　みすず書房

Super, D.E., Savickas, M.L., & Super, C.M. (1996). The life-span, life-space approach to careers. In D.Brown, L.Brooks, & Associates (Eds.), Carrer choice and development (3rd ed.) San Francisco: Jossey-Bass. 121-178.

文部科学省　2006　小学校・中学校・高等学校キャリア教育推進の手引

文部科学省　2011a　中学校キャリア教育の手引き

文部科学省　2011b　高等学校キャリア教育の手引き

渡辺美枝子編　2014　新版　キャリアの心理学　キャリア支援への発達的アプローチ　ナカニシヤ出版

第6章

学校におけるキャリア教育の新たな展開

1 学習指導要領におけるキャリア教育

(1) キャリア教育の意義

　キャリア教育の意義は、2004(平成16)年、「キャリア教育の推進に関する総合的調査研究協力調査会議（報告書）〜児童生徒一人一人の勤労観、職業観を育てるために〜」(以後「キャリア教育報告書」と称する)が、文部科学省から出され、次の3点が示された。
① 教育改革の理念と方向性
　　一人一人のキャリア発達や個としての自立を促す視点から、キャリア教育は、従来の進路教育の在り方を幅広く見直し、改革していくための理念と方向性が示された。
② 子どもたちの「発達」の支援
　　子どもたちの発達段階やその発達段階の成長と深くかかわりながら発達を追っていくことを踏まえ、キャリア教育は、子どもたちの全人的な成長・発達を促すことが重視された取り組みを、積極的に展開することが強調して示された。
③ 教育課程の改善の促し
　　キャリア教育は、子どもたちのキャリア発達を支援する視点に立って、必要に応じて教育課程の改善をすることが求められている。

具体的には、各領域に関連する諸活動を体系化し、組織的に実施することができるように各学校が教育課程の編成の在り方を見直していくことが挙げられている。

以上より、従来の進路指導では中学校からと考えられていたキャリア教育を、一人一人のキャリア発達を促すという視点で小学校段階から見直し、必然的な教育改革の理念や方向性を一致させ、そのために求められる改善や支援の工夫を図っていくことが重要となる。

(2) 各学校におけるキャリア教育の目標

先述したキャリア教育の意義を踏まえ、小学校・中学校・高等学校でキャリア教育を行っていくためには、国立教育政策研究所生徒指導研究センター（2009a, 2009b, 2010）の小学校・中学校・高等学校教員向けパンフレットに掲載されている目標が参考となる。

各学校の目標を比較すると、それぞれの発達段階に応じた系統性をもつキャリア教育を行う必要性がみえてくる。また、児童生徒一人一人の発達段階に応じたキャリア教育を行うためには、一人一人のキャリア発達を促すことも重要になる。そのため、小学校・中学校・高等学校の連

表6-1　小学校・中学校・高等学校におけるキャリア教育の目標

小学校	中学校	高等学校
自己及び他者への積極的関心の形成・発展	肯定的自己理解と自己有能感の獲得	自己理解の深化と自己受容
身の回りの仕事や環境への関心・意欲	興味・関心等に基づく勤労観・職業観の形成	選択基準としての勤労観・職業観の確率
夢や希望、あこがれる自己イメージの獲得	進路計画の立案と暫定的選択	将来設計の立案と社会的移行の準備
勤労を重んじ目標に向かって努力する態度の形成	生き方や進路に関する現実的探究	進路の現実的吟味と思考的参加

（新井　2012を筆者が修正）

携と協力は不可欠となり、連続したキャリア発達の支援の観点に基づいたキャリア教育が求められているといえよう。

(3) キャリア教育における動向

キャリア教育の近年の動向について、まとめたものが表6-2である。この表から、我が国の教育の課題とその流れ、キャリア教育の学校教育への広がり、さらには、教育全体の動向にも影響を与えていることがみえてくる。

表6-2 近年におけるキャリア教育の動向

① 中央教育審議会答申「初等中等教育と高等教育との接続の改善について」(平成11年12月)
　(いわゆる「接続答申」、名称「キャリア教育」の使用、小学校段階からのキャリア教育)
②「児童生徒の職業観・勤労観を育む教育の推進について(調査研究報告書)」国立教育政策研究所生徒指導研究センター (平成14年11月)
　(職業観・勤労観を育む学習のプログラムの枠組み(例)、「職業観・勤労観の定義」)
③ 1府3省若者自立・挑戦連絡会議「若者自立・挑戦プラン」取りまとめ
　　　　(内閣府、文部科学省、厚生労働省、経済産業省で構成)(平成15年6月10日)
④ 学習指導要領の一部改正　文部科学省 (平成15年12月)
　　　　　　　　　　　　(学習指導要領の基準性を踏まえたいっそうの充実)
⑤「キャリア教育の推進に関する総合的調査研究協力者会議(報告書)」?児童生徒一人一人の勤労観・職業観を育てるために?」(平成16年1月)
　(通称「キャリア教育報告書」キャリア、キャリア教育の定義・意義、研修プログラムなど)
⑥ キャリア教育実践プロジェクトの「キャリア・スタート・ウィーク」開始　文部科学省
　　　　(平成17年度、中学校を中心に5日間以上連続した職場体験等の実践、
　　　　　平成18年度から毎年11月を「職場体験チャレンジ月間」とする)
⑦ 中央教育審議会答申「新しい時代の義務教育を創造する」(平成17年10月26日)
⑧「中学校職場体験ガイド」文部科学省　冊子 (平成17年11月30日)
⑨「中学校・高等学校における進路指導に関する総合的実態調査報告書」
　　(実施時期:平成17年2月)文部科学省委託(財)日本進路指導協会 (平成18年11月)
⑩「小学校・中学校・高等学校　キャリア教育推進の手引」文部科学省 (平成18年11月)
　　(キャリア教育報告書の解説版、各学校段階のキャリア教育、推進体制等)
⑪「高等学校におけるキャリア教育の推進に関する調査研究協力者会議(報告書)」
　　　　　　　　～普通科におけるキャリア教育の推進～ (平成18年11月)
⑫「教育基本法」の改正 (平成18年12月22日公布、施行)
⑬「学校教育法」の一部改正 (平成19年6月)
⑭ 中央教育審議会答申「幼稚園、小学校、中学校、高等学校及び特別支援学校の学習指

導要領等の改善について」(平成 20 年 1 月 17 日)
⑮「幼稚園教育要領,小学校及び中学校の学習指導要領」公示　文部科学省(平成 20 年 3 月)
⑯「保育所保育指針」告示　厚生労働省(平成 20 年 3 月)
⑰　教育振興基本計画　閣議決定(平成 20 年 7 月)
⑱「高等学校の学習指導要領」公示　文部科学省(平成 21 年 3 月)
⑲　教員向けキャリア教育推進用パンフレット　国立教育政策研究所生徒指導研究センター　小学校,中学校,高等学校教員向け(平成 21 年 3 月)(同年 11 月)(平成 22 年 2 月)
⑳　小学校におけるキャリア教育推進のために「自分に気付き,未来を築くキャリア教育」文部科学省(平成 21 年 3 月)
㉑　中学校におけるキャリア教育推進のために「自分と社会をつなぎ,未来を拓くキャリア教育」文部科学省(平成 21 年 3 月)
㉒　中央教育審議会答申「今後の学校におけるキャリア教育・職業教育の在り方について」(平成 23 年 1 月 31 日)
㉓「小学校キャリア教育の手引き」　文部科学省(平成 22 年 1 月)
㉔　高等学校におけるキャリア教育推進のために「自分を生かし,自立を目指すキャリア教育」文部科学省(平成 21 年 3 月)
㉕「キャリア教育の更なる充実のために―期待される教育委員会の役割―」文部科学省　国立科学政策研究所生徒指導班研究センター(平成 23 年 2 月)
㉖「キャリア発達にかかわる諸能力の育成に関する調査研究報告書」文部科学省　国立科学政策研究所生徒指導班研究センター(平成 23 年 3 月)
㉗「中学校キャリア教育の手引き」文部科学省(平成 23 年 3 月)
㉘「小学校キャリア教育の手引き〈改訂版〉」文部科学省(平成 23 年 5 月)
㉙「高等学校キャリア教育の手引き」文部科学省(平成 23 年 11 月)
㉚「キャリア教育を創る　学校の特色を生かして実践するキャリア教育　小・中・高等学校における基礎的・汎用的能力育成のために　文部科学省　国立教育政策研究所生徒指導研究センター(平成 23 年 11 月)
㉛　職場体験・インターンシップ実施状況など経年変化に関する報告書　文部科学省(平成 24 年 1 月)
㉜　キャリア教育・進路指導に関する総合的実態調査第一次報告書　文部科学省　国立教育政策研究所生徒指導・進路指導研究センター(平成 25 年 3 月)
㉝　キャリア教育・進路指導に関する総合的実態調査第二次報告書　文部科学省　国立教育政策研究所生徒指導・進路指導研究センター(平成 25 年 10 月)
㉞　キャリア教育・進路指導に関する総合的実態調査　パンフレット　文部科学省　国立教育政策研究所生徒指導・進路指導研究センター(平成 26 年 3 月)
㉟「キャリア教育」資料集―文部科学省・国立教育政策研究所―　研究・報告書・手引書　平成 25 年度　文部科学省　国立教育政策研究所生徒指導・進路指導研究センター(平成 26 年 5 月)
㊱　職場体験・インターンシップ実施状況等調査の結果について(平成 25 年度)文部科学省(平成 26 年 9 月 17 日)
　　国立教育政策研究所生徒指導・進路指導研究センター(平成 26 年 9 月 17 日)

(新井　2012 を筆者が修正)

(4) キャリア教育と「教育基本法」「学校教育法」

「教育基本法」

2006（平成18）年に改正された「教育基本法」をうけて「学校教育法」の一部が改正された。改正のポイントは以下の3つである（表6-3）。

1) 第2条（教育の目標）の二において、「生活との関連を重視し」が「職業及び生活との関連を重視し」と変更され、その後の「勤労を重んずる態度を養うこと」につなげられた。これについては、キャリア教育で重視されている「自己と働くこととの関連」「働くことと学ぶこととの関連」と同じ方向を示していることになる。つまりは、勤労観・職業観の育成とともに教育の目標の中に、キャリア教育の概念が明確に反映されたことになり、この点に考慮した教育計画と実践が求められることになったといえる。

2) 第3条（生涯学習の理念）が新たに明記され、生涯を通して一人一人のキャリア発達が促され、学ぶ意欲の向上と社会的還元を含めたキャリア教育の重要性が強調された。学校教育における学びが、児童生徒のその後の生き方に影響を及ぼすため、キャリア教育はキャリア発達の基盤となる重要な役目を果たすことを教師は認識する必要性が求められる。

3) 第6条（学校教育）の2では教育の実施に関する基本が明記され、児童生徒の発達段階に応じた体系的な教育が組織的計画的に行われることとされた。児童生徒が学校生活の規律を守るなか、自ら進んで学習に取り組む意欲を高めることを重視して行わなければならないと、学校教育の中にまで踏み込んでキャリア教育の重要性が示されている。

4) 第13条（学校、家庭及び地域住民等の相互の連携協力）では、教育における学校、家庭、地域のそれぞれの役割と責任が新たに継起されることにより、学校は相互の連携と協力に努めることが求め

表6-3 教育基本法と学校教育法の改正点（抜粋）

教育基本法（平成18年12月）	学校教育法（平成19年6月）
前文 　　我々日本国民は、たゆまぬ努力によって築いてきた民主的で文化的な国家を更に発展させるとともに、世界の平和と人類の福祉の向上に貢献することを願うものである。 　　我々は、この理想を実現するため、個人の尊厳を重んじ、真理と正義を希求し、<u>公共の精神を尊び</u>、豊かな人間性と創造性を備えた人間の育成を期するとともに、伝統を継承し、新しい文化の創造を目指す教育を推進する。 　　ここに、我々は、日本国憲法の精神にのっとり、我が国の未来を切り拓く教育の基本を確立し、その振興を図るため、この法律を制定する。 第一章　教育の目的及び理念 　（教育の目的） 第一条　教育は、人格の完成を目指し、平和で民主的な国家及び社会の形成者として必要な資質を備えた心身ともに健康な国民の育成を期して行われなければならない。 　（教育の目標） 第二条　教育は、その目的を実現するため、学問の自由を尊重しつつ、次に掲げる目標を達成するよう行われるものとする。 一　<u>幅広い知識と教養を身に付け</u>、真理を求める態度を養い、<u>豊かな情操と道徳心を培う</u>とともに、<u>健やかな身体を養う</u>こと。 二　個人の価値を尊重して、その能力を伸ばし、<u>創造性を培い、自主及び自律の精神を養う</u>とともに、職業及び生活との関連を重視し、勤労を重んずる態度を養うこと。 三　正義と責任、男女の平等、自他の敬愛と協力を重んずるとともに、<u>公共の精神に基づき、主体的に社会の形成に参画し、その発展に寄与する態度を養う</u>こと。 四　<u>生命を尊び、自然を大切にし、環境の保全に寄与する態度を養う</u>こと。 五　<u>伝統と文化を尊重し、それらをはぐくんできた我が国と郷土を愛するとともに、他国を尊重し、国際社会の平和と発展に寄与する態度を養う</u>こと。（略） 　（生涯学習の理念） 第三条　国民一人一人が、自己の人格を磨き、豊かな人生を送ることができるよう、<u>その生涯にわたって、あらゆる機会に、あらゆる場所において学習することができ、その成果を適切に生かすことのできる社会の実現が図られなければならない</u>。（略）	第21条（義務教育の目標） 一　学校内外における社会的活動を促進し、自主、自律及び<u>協同の精神、規範意識、公正な判断力並びに公共の精神に基づき主体的に社会</u>の形成に参画し、<u>その発展に寄与する態度</u>を養うこと。 二　<u>学校内外における自然体験活動を促進し、生命及び自然を尊重する精神並びに環境の保全に寄与する態度を養うこと。</u> 三　我が国と郷土の現状と歴史について、正しい理解に導き、伝統と<u>文化</u>を尊重し、<u>それらをはぐくんできた我が国と郷土を愛する態度を養うとともに、進んで外国の文化の理解を通じて、他国を尊重し、国際社会の平和と発展に寄与する態度を養う</u>こと。 四　<u>家族と家庭の役割</u>、生活に必要な衣、食、住、<u>情報</u>、産業その他の事項について基礎的な理解と技能を養うこと。 五　読書に親しませ、生活に必要な国語を正しく理解し、使用する<u>基礎的な</u>能力を養うこと。 六　生活に必要な数量的な関係を正しく理解し、処理する<u>基礎的な</u>能力を養うこと。 七　生活にかかわる自然現象について、<u>観察及び実験を通じて</u>、科学的に<u>理解し</u>、処理する<u>基礎的な</u>能力を養うこと。 八　健康、安全で幸福な生活のために必要な習慣を養うとともに、<u>運動を通じて</u>体力を養い、心身の調和的発達を図ること。 九　生活を明るく豊かにする音楽、美術、文芸その他の芸術について基礎的な理解と技能を養うこと。 十　<u>職業についての基礎的な知識と技能、勤労を重んずる態度及び個性に応じて将来の進路を選択する能力を養う</u>こと。 （教育基本法の下線部は主な変更箇所。 　学校教育法の下線部は、改正前の小学校教育の目標に対する主な追加修正事項（筆者））

（新井　2012）

られ、不可欠な関係性を持つことになった。これは、児童生徒の社会的自立を連携・協力して支えていく重要な環境として、地域社会はキャリア教育に欠かせない資源であり、そして、学校は地域の資源や教育力を上手に活用して児童生徒のキャリア発達の育成を行う必要性が示されたといえる。キャリア教育の在り方が明記された意義ある変更で、重要な視点である。

「学校教育法」

　教育基本法とあわせて教育の目標や理念等、教育の根幹にかかわる学校教育法の一部が2007（平成19）年に改正された。改正のポイントは、以下の2つである。

1) 従来は小学校と中学校の教育目標が別であったが、義務教育の目標としてひとまとめとなって示された。第21条（学校教育の目標）で小学校と中学校を合わせた9年間を通じた一貫した教育の目標が示された意義は大きい。なかでも、10項に示された「職業についての基礎的な知識と技能、勤労を重んずる態度及び個性に応じて将来の進路を選択する能力を養うこと」については、小学校と中学校の接続を考慮しながら、小学校では何をどこまで授業で行うのがよいのか、中学校では小学校での教育に引き続いてさらにどのようなことを教育するのか、といったように小学校と中学校の連携や支援の連続性がより一層重視されている。小学校と中学校の発達段階に応じたキャリア教育の在り方を、集団と個に応じて支援を工夫し、教育課程のすりあわせを含めた見直し等を行うことが、キャリア教育の質を高める重要なポイントになるであろう。

2) 従来のものに、キャリア教育を強調する文言が加わったことが注目に値する。第21条1項における「協同の精神」「規範意識」「公正な判断力」「公共の精神」に基づいて「社会の形成に参画」し、

「その発展に寄与する態度」を養うことついては、特に社会に出た時に求められる必要不可欠な態度といえる。学校という集団社会の中に身をおきながら、学校内外の社会的活動を通して先述した視点を身に付けるべきことが明示され、学校だからこそできるキャリア教育の意義がみえてくる。

　また、4項では、「家族と家庭の役割」と情報社会の生活に生きる子ども達に欠かせない「情報」が文言に加わった。児童生徒が家族や家庭の役割を知ることを通して地域社会の機能と家族の仕事を結び付けて様々な仕事の知識を得ること、また、生計を維持しつつ社会的・職業的自立を果たすこと等、将来を見据えたキャリア形成の設計ができるよう、様々な情報を収集・分析し、判断して行動する態度を身に付けることが重視されている。

　5項では、「読書に親しませ」「基礎的な」という文言が加わり、読書を通して生活に必要な国語を正しく理解し、使用する基礎的能力を養うことが明記された。つまりこれは、キャリア教育において育むべき基礎的・汎用的能力の一つである人間関係形成・社会形成能力にあたるコミュニケーション・スキルの基盤になる言語力を養うことにつながるだけでなく、キャリア教育における知識・理解を深め、さまざまな能力を獲得するための根幹になるともいえる。

　10項では、「職業についての基礎的な知識と技能、勤労を重んずる態度及び個性に応じて将来の進路を選択する能力を養うこと」が明記され、学校教育活動及び家庭や地域の連携・協力のもと、キャリア教育を行うことが明記されている。

　以上に加えて、6項の数量的なことに関する基礎的能力、7項の生活や自然現象に関する基礎的能力、8項の運動に関する能力など、キャリア教育で強調される文言は、学校教育を進めていくうえでも非常に重要な視点となるだろう。

(5) 学習指導要領とキャリア教育

　教育基本法及び学校教育法の改正後、小学校（2008a）・中学校（2008b）の学習指導要領解説編の文中に「キャリア教育」が言及され、2009（平成21）年には高等学校の学習指導要領総則で「キャリア教育を推進すること」が明記された。そして、キャリア教育は進路指導と同様に、教育活動全体で行うとされている。表6-4は、小学校・中学校・高等学校の学習指導要領におけるキャリア教育関連の記述を抜粋したものである。小学校・中学校・高等学校の連携を図っていくためには児童生徒の発達段階に考慮しながら、学校段階における教育内容の系統性を把握することが肝要である。

表6-4　小学校・中学校・高等学校の学習指導要領におけるキャリア教育関連記述（一部抜粋）

小学校の改訂学習指導要領におけるキャリア教育関連記述
「小学校　学習指導要領解説　総則」（文部科学省，平成20年8月）
第5節　教育課程実施上の配慮事項
　3　学級経営と生徒指導の充実（第1章第4の2(2)）
　　　小学校低・中学年の段階における家庭学習にも含めた学習習慣の確立とともに、観察・実験やレポートの作成など知識・技能の活用を図る学習活動や勤労観・職業観を育てるためのキャリア教育などを通じ学ぶ意義を実感することも重要である

中学校の改訂学習指導要領におけるキャリア教育関連記述
「中学校　学習指導要領解説　総則」（文部科学省，平成20年9月）
第5節　教育課程実施上の配慮事項
　3　進路指導の充実（第1章第4の2(2)）
　　　進路指導が生徒の勤労観・職業観を育てるキャリア教育の一環として重要な役割を果たすものであること、学ぶ意義の実感にもつながることなどを踏まえて指導を行うことが大切である

高等学校の改訂学習指導要領におけるキャリア教育関連記述
「高等学校　学習指導要領解説　総則」（文部科学省，平成22年3月）
　総則　第5款　教育課程の編成・実施に当たって配慮すべき事項
　4(3)　学校に於いては、キャリア教育を推進するために、地域や学校の実態、生徒の特性、進路等を考慮し、地域や産業界などとの連携を図り、産業

> 現場等における長期間の実習を取り入れるなどの就業体験の機会を積極的に設けるとともに、地域や産業界等の人々の協力を積極的に得るように配慮するものとする。
> 5(4) 生徒が自己の在り方生き方を考え、主体的に進路を選択することができるよう、学校教育活動全体を通じ、計画的、組織的な進路指導を行い、キャリア教育を推進すること

2　キャリア教育の内容と指導計画

　キャリア教育については、中央教育審議会（2011）が「今後の学校におけるキャリア教育・職業教育の在り方について（答申）」を出し、この中で「キャリア」と「キャリア教育」について再定義した。

> キャリア：人が、生涯の中で様々な役割を果たす過程で、自らの役割の価値や自分と役割との関係を見出していく連なりや積み重ね
> キャリア教育：一人一人の社会的・職業的自立に向け、必要な基盤となる能力や態度を育てることを通して、キャリア発達を促す教育

　その背景として、キャリア教育についての説明などが進路選択を優先・重点すると誤解され、勤労観・職業観の教育ばかりに焦点があたった。そのため、本来、児童生徒に獲得させたい社会的・職業的自立のために必要とされる能力の育成が十分行われてこなかったのではないかといった反省などの問題が挙げられたことがある。また、キャリア教育で育成する4領域8能力についても、独立したものではなく相互に関連した関係で生涯を通して育成されるという点が見落とされやすい、社会人として実際に求められる能力と共通言語で理解が図りにくかった、文部科学省が示した8つの能力の例が学校現場で固定的に捉えられることが

多かった、といった点が課題に挙げられている。

　これらを踏まえ、今後、育成されるべき能力の関係については図6-1（新井，2012）が参考となる。

　先述した4領域8能力から「4つの能力」への転換は、「キャリア発達にかかわる諸能力の育成に関する調査研究報告書」（文部科学省，2011）において、「基礎的・汎用的能力」が、これまでの各学校における実践の基盤となっていた「4領域8能力」を継承し、提唱された様々な能力との整合性を図りつつ、社会的・職業的自立に向けて必要な基盤となる能力であることを正しく理解する必要が求められている。また同時に、「学校や地域の特色、児童生徒の発達の段階に即し、学校がそれぞれの課題を踏まえて具体の能力を設定し、工夫された教育を通じて達成するための参考として活用されるべきものである」と記されていることが注目に値する。

　これにより、将来の生き方や進路との関わりに限定した「計画実行能力」やさまざまな仕事に対する「問題課題能力」の育成といった、生涯を通して育成すべきさまざまな課題に対応できる汎用性のある「4つの能力」へと、今後は転換を図っていくことが求められている。そこで、各学校段階におけるキャリア教育の基本的な考え方や充実方策、推進のポイントをおさえ、発達段階に応じた体系的なキャリア教育をめざすことが重要になる（中央教育審議会，2011）。それらを踏まえて組織的・体系的な働きかけと発達課題の達成と関連させながら、学校長のリーダーシップのもと、学校におけるキャリア教育が進められる必要がある。これについては、「中学校キャリア教育の手引き」（文部科学省，2011a）の中の学校におけるキャリア教育推進の手順例が参考となる（図6-2）。

　また、創意工夫した計画を着実に実践しているかどうかといった自校の取組や校内研修の在り方、地域社会との連携等、キャリア教育推進の点検については、計画・実践・評価・改善の観点から推進状況をチェッ

4領域	8領域	4つの能力とそれぞれの能力の内容	具体的な要素の例
人間関係形成能力 他者の個性を尊重し、自己の個性を発揮しながら、様々な人々とコミュニケーションを図り、協力・共同してものごとに取り組む。	人間関係形成能力 他者の個性を尊重し、自己の個性を発揮しながら、様々な人々とコミュニケーションを図り、協力・共同してものごとに取り組む。	人間関係形成・社会形成能力 多様な他者の考えや立場を理解し、相手の意見を聴ぎつつ自分の考えを正確に伝えることができるとともに、自分の置かれている状況を受け止め、役割を果たしつつ他者と協力・協働して社会に参画し、今後の社会を積極的に形成することができる力	・他者の個性を理解する力 ・他者に働きかける力 ・コミュニケーションスキル ・チームワーク ・リーダーシップ 等
	コミュニケーション能力 多様な集団・組織の中で、コミュニケーションや豊かな人間関係を築きながら、自己の成長を果たしていく能力		
情報活用能力 学ぶこと・働くことの意義や役割及びその多様性を理解し、幅広く情報を狩るようして、自己の進路や生き方の選択に生かす。	情報収集・探索能力 進路や職業等に関する様々な情報を収集・探索するとともに、必要な情報を選択・活用し、自己の進路や生き方を考えていく能力	自己理解・自己管理能力 自分が「できること」「意義を感じること」「したいこと」について、社会との相互関係を保ちつつ、今後の自分自身の可能性を含めた肯定的な理解に基づき主体的に行動すると同時に、自らの思考や感情を律し、かつ、今後の成長のために進んで学ぼうとする力	・自己の役割の理解 ・前向きに考える力 ・自己の動機付け ・忍耐力 ・ストレスマネジメント ・主体的行動 等
	職業理解能力 様々な体験などを通して、学校で学ぶことと社会・職業生活との関連や、今しなければならないことなどを理解していく能力		
将来設計能力 夢や希望を持って将来の生き方や生活を考え、社会の現実を踏まえながら、前向きに自己の将来を設計する。	役割把握・認識能力 生活・仕事上の多様な役割や意識及びその関連等を理解し、自己の果たすべき役割などについての認識を深めていく能力	課題対応能力 仕事をする上での様々な課題を発見・分析し、適切な計画を立ててその課題を処理し、解決することができる力	・情報の理解、選択、処理、等 ・本質の理解 ・原因の追究 ・課題発見 ・計画立案 ・実行力 ・評価、改善 等
	計画実行能力 目標とすべき将来の生き方や進路を考え、それを実現するための進路計画を立て、実際の選択実行等で実行していく能力		
意志決定能力 自らの意志と責任でよりよい選択・決定を行うとともに、その過程での課題や葛藤に積極敵に取り組み、克服する。	選択能力 様々な選択肢について比較検討したり、葛藤を克服したりして、主体的に判断し、自らふさわしい選択・決定を行っていく能力	キャリアプランニング能力 「働くこと」の意義を理解し、自らが果たすべき様々な立場や役割との関連を踏まえて「働くこと」を位置づけ、多様な生き方に関する様々な情報を適切に取捨選択・活用しながら、自ら主体的に判断してキャリアを形成していく力	・学ぶこと、働くことの意義や役割の理解 ・多様性の理解 ・将来設計 ・選択 ・行動と改善 等
	課題解決能力 意思決定に伴う責任を受け入れ、選択結果に適応するとともに、希望する進路の実現に向け、自ら課題を設定してその解決に取り組む能力		

＊図中の破線は両社の関連性が相対的に見て弱いことを示す。破線部分に関して、「4領域8能力」では、「計画実行能力」や「課題解決能力」が求められていたものの自らの将来の生き方や進路とのかかわりを重視した実行力や課題解決の力の育成に力点が置かれており、広く「仕事をする上での様々な課題を発見・分析し、適切な計画を立ててその課題を処理し解決することができる力」の育成については必ずしも前面に出されていないことが分かる。（新井，2012）

図6-1 「4領域8能力」から「基礎的・汎用的能力」への転換
（中央教育審議会 2011）

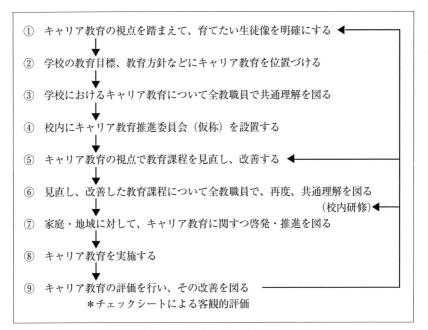

図6-2　学校におけるキャリア教育推進の手順の例
(新井　2012を参考に修正)

クすることが求められる。高等学校キャリア教育の手引き（2011c）に掲載されている国立教育政策研究所（2011）のPDCAでみるキャリア教育推進状況チェックシートは目安の一例として参考になる。

3　職業観・勤労観を育む具体的実践

各学校における具体的な実践については、文部科学省から出ている手引きの参照を勧める。「小学校キャリア教育の手引き〈改訂版〉（文部科学省，2011b）」「中学校キャリア教育の手引き（文部科学省，2011a）」「高等学校キャリア教育の手引き（文部科学省，2011c）」には、年間指

表6-5　職業観・勤労観を育む学習プログラムの枠組み（例）―職業的（進路）発達に

		小　学　校		
		低学年	中学年	高学年
職業的（進路）発達の段階		進路の探索・選択にかかる基盤形成の時期		
○職業的（進路）発達課題（小〜高等学校段階） 　各発達段階において達成しておくべき課題を、進路・職業の選択能力及び将来の職業人として必要な資質の形成という側面から捉えたもの。		・自己及び他者への積極的関心の形成・発展 ・身のまわりの仕事や環境への関心・意欲の向上 ・夢や希望、憧れる自己イメージの獲得 ・勤労を重んじ目標に向かって努力する態度の形成		
職業的（進路）発達にかかわる諸能力		職業的（進路）発達を促すために育成することが		
領域	領域説明	能力説明			

領域	領域説明	能力説明	低学年	中学年	高学年
人間関係形成能力	他者の個性を尊重し、自己の個性を発揮しながら、様々な人々とコミュニケーションを図り、協力・共同してものごとに取り組む。	【自他の理解能力】 自己理解を深め、他者の多様な個性を理解し、互いに認め合うことを大切にして行動していく能力	・自分の好きなことや嫌なことをはっきり言う。 ・友達と仲良く遊び、助け合う。 ・お世話になった人などに感謝し親切にする。	・自分のよいところを見つける。 ・友達のよいところを認め、励まし合う。 ・自分の生活を支えている人に感謝する。	・自分の長所や欠点に気付き、自分らしさを発揮する。 ・話し合いなどに積極的に参加し、自分と異なる意見も理解しようとする。
		【コミュニケーション能力】 多様な集団・組織の中で、コミュニケーションや豊かな人間関係を築きながら、自己の成長を果たしていく能力	・あいさつや返事をする。 ・「ありがとう」や「ごめんなさい」を言う。 ・自分の考えをみんなの前で話す。	・自分の意見や気持ちをわかりやすく表現する。 ・友達の気持ちや考えを理解しようとする。 ・友達と協力して、学習や活動に取り組む。	・思いやりの気持ちを持ち、相手の立場に立って考え行動しようとする。 ・異年齢集団の活動に進んで参加し、役割と責任を果たそうとする。
情報活用能力	学ぶこと・働くことの意義や役割及びその多様性を理解し、幅広く情報を活用して、自己の進路や生き方の選択に生かす。	【情報収集・探索能力】 進路や職業等に関する様々な情報を収集・探索するとともに、必要な情報を選択・活用し、自己の進路や生き方を考えていく能力	・身近で働く人々の様子が分かり、興味・関心を持つ。	・いろいろな職業や生き方があることが分かる。 ・分からないことを、図鑑などで調べたり、質問したりする。	・身近な産業・職業の様子やその変化が分かる。 ・自分に必要な情報を探す。 ・気付いたことや個人・グループでまとめたことを発表する。
		【職業理解能力】 様々な体験等を通して、学校で学ぶことと社会・職業生活との関連や、今しなければならないことなどを理解していく能力	・係や当番の活動に取り組み、それらの大切さが分かる。	・係や当番活動に積極的にかかわる。 ・働くことの楽しさが分かる。	・施設・職場見学等を通し、社会の仕事の大切さや苦労が分かる。 ・学んだり体験したりしたことと、生活や職業との関連を考える。
将来設計能力	夢や希望を持って将来の生き方や生活を考え、社会の現実を踏まえながら、前向きに自己の将来を設計する。	【役割把握・認識能力】 生活・仕事上の多様な役割や意義及びその関連等を理解し、自己の果たすべき役割等についての認識を深めていく能力	・家の手伝いや割り当てられた仕事・役割の必要性が分かる。	・互いの役割や役割分担の必要性が分かる。 ・日常の生活や学習と将来の生き方との関係に気付く。	・社会生活にはいろいろな役割があることやその大切さが分かる。 ・仕事における役割の関連性や変化に気付く。
		【計画実行能力】 目標とすべき将来の生き方や進路を考え、それを実現するための進路計画を立て、実際の選択行動等で実行していく能力	・作業の準備や片づけをする。 ・決められた時間やきまりを守ろうとする。	・将来の夢や希望を持つ。・計画づくりの必要性に気付き、作業の手順が分かる。 ・学習等の計画を立てる。	・将来のことを考える大切さが分かる。 ・憧れとする職業を持ち、今、しなければならないことを考える。
意思決定能力	自らの意志と責任でよりよい選択・決定を行うとともに、その過程での課題や葛藤に積極的に取り組み克服する。	【選択能力】 様々な選択肢について比較検討したり、葛藤を克服したりして、主体的に判断し、自らにふさわしい選択・決定を行っていく能力	・自分の好きなもの、大切なものを持つ。 ・学校でしてよいことと悪いことがあることが分かる。	・自分のやりたいこと、よいと思うことなどを考え、進んで取り組む。 ・してはいけないことが分かり、自制する。	・係活動などで自分のやりたい係、やれそうな係を選ぶ。 ・教師や保護者に自分の悩みや葛藤を話す。
		【課題解決能力】 意思決定に伴う責任を受け入れ、選択結果に適応するとともに、希望する進路の実現に向け、自ら課題を設定してその解決に取り組む能力	・自分のことは自分で行おうとする。	・自分の仕事に対して責任を感じ、最後までやり遂げようとする。 ・自分の力で課題を解決しようと努力する。	・生活や学習上の課題を見つけ、自分の力で解決しようとする。 ・将来の夢や希望を持ち、実現を目指して努力しようとする。

出典：「児童生徒の職業観・勤労観を育む教育の推進について」平成14年11月　国立教育政策研究所生徒指導研究センター

第6章 学校におけるキャリア教育の新たな展開

かかわる諸能力の育成の視点から
※太字は、「職業観・勤労観の育成」との関連が特に強いものを示す

中　学　校	高　等　学　校
現実的探索と暫定的選択の時期	現実的探索・試行と社会的移行準備の時期
・肯定的自己理解と自己有用感の獲得 ・興味・関心等に基づく職業観・勤労観の形成 ・進路計画の立案と暫定的選択 ・生き方や進路に関する現実的探索	・自己理解の深化と自己受容 ・選択基準としての職業観・勤労観の確立 ・将来設計の立案と社会的移行の準備 ・進路の現実吟味と試行的参加
期待される具体的な能力・態度	
・自分の良さや個性が分かり、他者の良さや感情を理解し、尊重する。 ・自分の言動が相手や他者に及ぼす影響が分かる。 ・自分の悩みを話せる人を持つ。	・自己の職業的な能力・適性を理解し、それを受け入れて伸ばそうとする。 ・他者の価値観や個性のユニークさを理解し、それを受け入れる。 ・互いに支え合い分かり合える友人を得る。
・他者に配慮しながら、積極的に人間関係を築こうとする。 ・人間関係の大切さを理解し、コミュニケーションスキルの基礎を習得する。 ・リーダーとフォロアーの立場を理解し、チームを組んで互いに支え合いながら仕事をする。 ・新しい環境や人間関係に適応する。	・自己の思いや意見を適切に伝え、他者の意思等を的確に理解する。 ・異年齢の人や異性等、多様な他者と、場に応じた適切なコミュニケーションを figures する。 ・リーダー・フォロアーシップを発揮して、相手の能力を引き出し、チームワークを高める。 ・新しい環境や人間関係を生かす。
・産業・経済等の変化に伴う職業や仕事の変化のあらましを理解する。 ・上級学校・学科等の種類や特徴及び職業に求められる資格や学習歴の概略が分かる。 ・生き方や進路に関する情報を、様々なメディアを通して調査・収集・整理し活用する。 ・必要に応じ、獲得した情報に創意工夫を加え、提示、発表、発信する。	・卒業後の進路や職業・産業の動向について、多面的・多角的に情報を集め検討する。 ・就職後の学習の機会や上級学校卒業時の就職等に関する情報を探索する。 ・職業生活における権利・義務や責任及び職業に就く手続き・方法などが分かる。 ・調べたことなどを自分の考えを交え、各種メディアを通して発表・発信する。
・将来の職業生活との関連の中で、今の学習の必要性や大切さを理解する。 ・体験等を通して、勤労の意義や働く人々の様々な思いが分かる。 ・係・委員会活動や職場体験等で得たことを、以後の学習や選択に生かす。	・就職等の社会参加や上級学校での学習等に関する探索的・試行的な体験に取り組む。 ・社会規範やマナー等の必要性や意義を体験を通して理解し、習得する。 ・多様な職業観・勤労観を理解し、職業・勤労に対する理解・認識を深める。
・自分の役割やその進め方、よりよい集団活動のための役割分担やその方法等が分かる。 ・日常の生活や学習と将来の生き方との関係を理解する。 ・様々な職業の社会的役割や意義を理解し、自己の生き方を考える。	・学校・社会において自分の果たすべき役割を自覚し、積極的に役割を果たす。 ・ライフステージに応じた個人的・社会的役割や責任を理解する。 ・将来設計に基づいて、今取り組むべき学習や活動を理解する。
・将来の夢や職業を思い描き、自分にふさわしい職業や仕事への関心・意欲を高める。 ・進路計画を立てる意義や方法を理解し、自分の目指すべき将来を暫定的に計画する。 ・将来の進路希望に基づいて当面の目標を立て、その達成に向けて努力する。	・生きがい・やりがいがあり自己を生かせる生き方や進路を現実的に考える。 ・職業についての総合的・現実的な理解に基づいて将来を設計し、進路計画を立案する。 ・将来設計、進路計画の見直し再検討を行い、その実現に取り組む。
・自己の個性や興味・関心等に基づいて、よりよい選択をしようとする。 ・選択の意味や判断・決定の過程、結果には責任が伴うことなどを理解する。 ・教師や保護者と相談しながら、当面の進路を選択し、その結果を受け入れる。	・選択の基準となる自分なりの価値観、職業観・勤労観を持つ。 ・多様な選択肢の中から、自己の意志と責任で当面の進路や学習を主体的に選択する。 ・進路希望を実現するための諸条件や課題を理解し、実現可能性について検討する。 ・選択結果を受容し、決定に伴う責任を果たす。
・学習や進路選択の過程を振り返り、次の選択場面に生かす。 ・よりよい生活や学習、進路や生き方等を目指して自ら課題を見出していくことの大切さを理解する。 ・課題に積極的に取り組み、主体的に解決していこうとする。	・将来設計、進路希望の実現を目指して、課題を設定し、その解決に取り組む。 ・自分を生かし役割を果たしていく上での様々な課題とその解決策について検討する。 ・理想と現実との葛藤経験等を通し、様々な困難を克服するスキルを身につける。

導計画の作成や各教科等における取組みなど、具体的な実践例を含めた内容が示されている。

また、文部科学省の「キャリア発達にかかわる諸能力の育成に関する調査研究報告書」の中では、職業観勤労観を育む学習プログラムの枠組みの例を職業的発達に関わる諸能力の育成の視点から示している（表6-5）。これについては、国立教育政策研究所生徒指導研究センターによる調査報告書「児童生徒の職業観・勤労観を育む教育の推進について」で、職業観・勤労観の育成に当たっては、一人一人の職業的（進路）発達の全体を通して形成されるという視点に立って、段階的・系統的に取り組むことが大切であるとしている。このため表6-5では、職業的（進路）発達の全体を視野に入れ、職業観・勤労観の形成に関係する能力を幅広く取り上げ、そのうえで、学校段階ごとの職業的（進路）発達課題との関連を考慮し、身に付けさせたい能力・態度を一般的な目安として示している。

職業観・勤労観を育む具体的な実践例としては、学校段階ごとに体験的な学びを活かした取組が挙げられる。例えば、小学校では職場体験、学校体験、町体験など、中学校では職場体験活動、職業人や社会人の講話、ボランティア、アントレプレナーシップなどがある。高等学校では、将来進む可能性がある仕事や職業に関連する活動を試行的に体験し、これを手がかりに社会や職業への移行準備を行うインターンシップ、職業人の持つ職業観や勤労観に触れる職業人インタビューや社会人の講話、自発性の育成と継続的な関わりを学ぶ奉仕・ボランティア活動、高齢者や障害のある人との関わりを通してノーマライゼーションの理念を学ぶ介護体験や福祉体験、自然との共存や環境問題を考えるなどの自然体験がある。

このように発達段階を考慮した社会的な体験を通して、①異年齢や様々な立場の人の考えや役割などを知り、多様な気付きや発見をして自

分の将来を考える、②仕事や働くことへの関心が向上し、自己の将来を前向きに設計する、③自己の適性についての検討し自らの意志と責任により進路選択ができる、④人間関係を積極的に形成し、自他に敬意をはらい協力・協働してものごとに取り組む、といったことが効果として期待される。

　また、キャリア教育は全ての教育活動を通じて展開することから、各教科における学びを断片化させない工夫が求められる。各学校の特色や地域の特徴、児童生徒の実態等に応じた、より深い理解へと導くことが非常に重要になってくる。

実践例１：職業観・勤労観を育む具体的実践
「中学生のための起業体験講座」

　「中学生のための起業体験講座」は、起業と会社経営の体験を通してアントレプレナーシップ（entrepreneurship：起業家精神）を刺激するとともに、職業観や勤労観を育むことを意図した講座である。会社の仕組みの中には、社会的な体験ができる要素が溢れている。資本の流れに注目すれば経済や金融の学びにつながるし、戦略立案や組織運営の側面から見ればチームワークとリーダーシップの体験ができる場ともなる。そのため、舞台設定を会社とすることには、さまざまな教育的要素を盛り込める利点があるといえよう。

　本講座は、会社の設立から清算まで、すなわち設立登記、事業計画、資金調達、仕入れ、事業実施、会計監査までを数日間の日程で体験するプログラムとなっている（表6-6）。具体的には、地域祭りの模擬店をひとつの会社組織と見立て、それを中学生のみで構成されるチームに現実の会社さながらの方法で運営させて利益を上げることを課す。社長ほか会計、営業といった各種役職も定め、事業環境に適した事業計画書を作成し、投資家役から資金調達を行ったのち、地域祭りにおいて来場者に

物品を販売する形で事業を展開する。

　中学生ともなればシミュレーションやゲームを用いた学習ばかりでなく、可能な限り実社会に近い体験を取り入れるべきとの考えから、使用する事業資金はすべて現金を使う。仕入れる物品も、投資を受けた事業資金を使って近くのスーパー等で自ら購入する。

　本講座ではさらに、実社会に即した体験ができるよう、中学生に対応するスタッフに多数の職業人の協力を得た。会社の設立や清算時の手助けをする銀行や投資家、公認会計士等はすべてその職業の実際の経験者が担当しており、中学生に対しても実務とほぼ同様の対応をする。中学生の力だけでは事業計画が詰め切れない部分は、経営学やマーケティン

表6-6　中学生のための起業体験講座
　　　　プログラム

1日目：会社経営の学習
・起業の意義の確認
・事業環境の調査
・現役社長からのアドバイス

2日目：事業計画書の作成と資金調達
・会社の設立と登記
・役職決めと事業計画書の作成
・銀行および投資家から資金調達

3日目：開業準備
・仕入れと資材の調達
・店舗運営方法の確認
・試作

4日目：事業実施と清算
・地域祭りにて事業の実施
・帳簿の作成と会計士による監査
・清算手続き

事業計画の作成

投資家へのプレゼンテーション

開店準備

グを専攻する大学生スタッフが助言し、それらのスタッフをまとめながら司会と全体の進行を担当するのが大学教員スタッフという体制である。

　参加する中学生の動機はさまざまであったが、将来の会社経営の夢を現実的に考えられるようになったり、自らの得意分野の新たな発見につながったりした結果、前年度の参加者が再挑戦する例も見られた。また、事業の実践の場を地域祭りに設定しているため、地域の商店主からの講話や特産物を使用した商品の企画といった形で、地域を再認識させる要素も盛り込むことができた。

　将来の仕事を考えるとき、起業という選択肢は見落とされがちである。しかし、次世代の産業を担う人材を育成するうえでも、早期のアントレプレナーシップ教育は不可欠であると考える。（東京情報大学　樋口大輔）

実践例２：キャリア発達の特徴をおさえた具体的実践
「高校生のためのソーシャルスキルトレーニング」

　コミュニケーション能力は、人とつながる社会の中で生きる私たちにとっては非常に重要視されている。高校生にとっては自己を成長させてくれる仲間関係を維持してくれるだけではなく、社会で自己を役立てるために身に付ける必要があるものでもある。特に、就職においては、新卒採用時の選考にあたって重視される項目の一つとされており、高校が最後の教育の場になる生徒にとってはコミュニケーション能力の育成は非常に重要になってくる。

　そのコミュニケーション能力は、相手の言いたいことを的確につかみとる能力である。さらには、相手が言葉足らずでうまく表現しきれていないことまでをも洞察し、「あなたが言いたいことは……ということですね」と肯定的に相手の考えや思いを受け入れることである。自分の言いたいことが相手にしっかりと受け取られていると感じることは、信頼関係を築くことにつながり、相手との関係性も次の段階へと前進することができるようになる。そこでこのような能力を高校で育むため、教職課程の学生がモデリングのモデルとなり授業のＴＡとして参加した心理教

育を紹介する。

　高校に入学してからの2～3か月の時期は特に、新しい環境の中で仲間との間で望ましい人間関係を築き、自分の居場所を確認することがとても大事になってくる。また、高校生は趣味や趣向が同じといった仲間関係から、お互いを認め合い将来に向けて本音で語り合うことができる親友ができる時期で、それぞれの人の良さに敬意を払うことができるようになる。このような対人関係の持ち方を通して、実社会に出る前のプレ集団をつくり経験することを通して自分の価値を発見して自己理解を深め、将来の職業を考え、勤労観や職業観を育てていく基盤ができる。また、日常生活における実践力も養う必要があり、課題実現に向けた努力をする態度を育てていくこともできる。このように、新しい環境に適応するとともに、他者との望ましい人間関係の構築や自分の価値観を知ること、そして自己目標を立てるといった自らの役割を自覚し、積極的に役割を果たすことが高校生に求められ、その教育方法の一つとして「ソーシャルスキルトレーニング（SST）」がある。

　このSSTは、「人間関係をうまくやっていくために必要な知識と具体的な技術やちょっとしたコツ」であるソーシャルスキルを身に付けることが目的とされている。性格のせいにするのではなく、繰り返し練習することに重きが置かれているのが特徴である。SSTの流れは、最初に、ターゲットスキルを学ぶメリットや学びへの動機づけといった「インストラクション」、どういった行動が大切なのか正確な説明と合わせて適切なモデルなどを見せて学ばせる「モデリング（観察学習）」、言葉で教えられモデルを観察するだけでなく、実際にやってみるといった練習を何度も繰り返していく「リハーサル」を行う。そして、やってみた自分の行動が他者から見てどうだったのかという「フィードバック」を行い、どこが良かったのかまたは改善した方が良いのかを理解させる。この時の友達や教師からのフィードバックが自分を知る手がかりとなり、自分の長所や短所などを統合し自己概念を形作っていくことにもなる。そのため、生徒がさらに意欲的になるような接し方が求められる。そして、学んだスキルを定着させるために意識的に日常生活の中で使用すること

を勧める「ホームワーク」をさせる。なかでも教師（あるいはTT）のモノローグ（語り）は、自己開示のモデルとなるだけでなく、信頼関係の築きにも影響する。成功体験の語りでは失敗体験や挫折体験などを話し、その状況をどのように乗り越えたのか、その体験から得た気づきや学び等を伝えると、スキルの獲得に非常に効果的である。TAの存在も高校生にとっては進路を考える際に大きな刺激となるようである。そのキャリア教育として行ったSSTのターゲットスキルと目標行動を紹介する（表6-7）。加えて、個人情報の取り扱いや自己の発言の発信に対する責任と

表6-7 SSTにおけるターゲットスキルと目標行動

ソーシャルスキルとは （ガイダンス）	・ソーシャルスキルとは何かを理解する ・ソーシャルスキルの意義を知る ・ソーシャルスキルを学ぶ意欲を高める
考えと気持ちを伝えるⅠ コミュニケーションとは	・言語的スキルを学ぶ ・非言語的スキルを学ぶ ・コミュニケーションの難しさ、大切さへの気づきを促す
自己紹介と挨拶	・名前を名乗って自分の特徴や会話のネタを入れる ・ノンバーバルを適切に用いて挨拶をする
考えと気持ちを伝えるⅡ 聴く	・あいづち、うなずきをする ・視線をあわせる（アイコンタクト） ・身体を向ける ・最後まで話を聴く ・質問する
感情のコントロール	・普段、自分自身が持っている感情に気づく ・自分の感情に気づき、コントロールすることの大切さに気づく ・感情に気づく方法を学ぶ
自尊心を育む	・自尊心の存在について理解する ・自尊心を適度に保つ方法を学ぶ
敬意をはらう	・自分も相手も大事にする気持ちを理解する ・自分の考えや行動を適切に判断し、表現できる力を養う
計画を立てて実行する	・目標を達成するために必要な行動計画を立てるスキルを学ぶ ・協力しながら達成することの意義について知る

（渡辺・小林, 2009；原田, 2014を参考に作成）

いった情報モラルも盛り込む工夫をしてもよいであろう。
　このようなSSTの実践により、ソーシャルスキルを獲得して仲間関係が円滑になり、自尊心が形成されるだけではなく、学習や学校教育全体の活動を通して他者との相互作用により自らの勤労観・職業観について価値観が形成できる。さらには、将来に向けて計画をたて、それを実行に移せるようになることが期待できるのである。

実践例3：高等学校と大学との連携によるキャリア教育

　高校との円滑な接続を目指す高大連携の理念に基づき、大学の各教員の専門分野を背景にした、身近なテーマで分かりやすい講義を高校に出向いて行う「出張講義」がある。高校生が大学教育の内容に対する理解や研究内容を知るとともに、大学への興味・関心を喚起し、意識的に進路決定に取り組むためのきっかけになるため、進路選択に関わる情報として重要である。
　大学進学についての選択は、生徒にとって社会へ出る前の「学びの成就」の機会を手にすることにつながり、社会における自らの活動を基礎づける「知と技」を選び取ることも意味していると考えられる。そうした大きな人生の選択を、パンフレットの内容だけで決めてしまうのではなく、大学4年間という時間をかけて自らの学びを成就させ、自己成長を図ることになる「大学」とは、はたしてどういうところなのかを知り、考えることはその生徒にとっての貴重なキャリア教育の一環となる。
　この出張講義の第1の意義は、高校の教育活動を補完し、多様に展開できるという点である。出張講義を導入することによって、高校では従来の教科学習をふまえて、より発展的・専門的な学習を行うことや、高校教員では対応できない分野や大学レベルの高度な学習に対するニーズに応えることが可能になると考えられる。第2の意義は、生徒の学習に対する意欲や目的意識を高め、生徒の適切な進路選択を支援することができる点である。高大連携プログラムは、生徒が、個々の学問分野の教育・

研究の実際に触れ、大学における学習や大学生活の雰囲気を体験することを通じて、学習・進路に対するモチベーションを高め、自らの生き方や在り方について改めて考える機会になりうる。また、大学側との意見交換を通じて高校における進路指導や学習指導の充実を図ることも可能であると思われる。

その一方、出張講義は総じて単発的であり、個々の学問分野の表面的な紹介にとどまることが少なくない。高大連携の目的や位置づけに関する認識に齟齬が生じてしまうという事態となるため、高校と大学が、事前と事後に十分な協議や検証を重ねて相互理解を深め、出張講義の目的や位置づけに関する認識を共有することが肝要となる。

今後は、高校と大学の教員が共同で、生徒・学生の育成を連続的な視点から捉えた教育改善を議論し、お互いの教育活動に参画する取り組みを「新しい高大連携」として位置づけることが求められるであろう。そして、この「新しい高大連携」を通じて、高校教育と大学教育の包括的な改善・充実を期待したい。一方向的、あるいは単発的な「従来型の高大連携」にとどまらず、より双方向、あるいは持続的な「新しい高大連携」へと展開することを視野に入れた上で、高大連携の取り組みを進める必要があろう。

実際に大学の先生や多様な研究の一端に触れる「模擬授業」を通して、進路決定に影響があった生徒が多い傾向にある。それは、たとえば、「実際に大学の設備や環境を見て、ここで学びたいと思った」「大学の授業はおもしろい、奥深い。驚きと新たな発見の連続だった」「学問に興味がわき、もっと大学で追究してみたいと思った」などの感想からも分かる。

このように、出前講義は高校生にとっては大学での授業の様子や実際の研究内容を具体的に知ることができる貴重な進路選択に関わる情報となり、キャリア発達を促す貴重な機会となるといえる。現在、多くの大学で出前授業・出張授業が行われているので、積極的に授業依頼をして生徒の進路選択に役立ててほしい。

【引用文献】

新井邦二郎編　2012　教職シリーズ7　生徒指導　培風館

中央教育審議会　2011　教員の資質能力向上特別部会「教職生活の全体を通じた教員の資質能力の総合的な向上方策について（審議経過報告）」

中央教育審議会答申　2011　今後の学校におけるキャリア教育・職業教育の在り方について

国立教育政策研究所　2011　学校の特色を生かして実践するキャリア教育―小・中・高等学校に於ける基礎的汎用的能力の育成のために―

文部科学省　2011　キャリア教育の推進に関する総合的調査研究協力調査会議（報告書）～児童生徒一人一人の勤労観、職業観を育てるために～

文部科学省　2008a　小学校学習指導要領解説

文部科学省　2008b　中学校学習指導要領解説

文部科学省　2009　高等学校学習指導要領解説

文部科学省　2011a　中学校キャリア教育の手引き

文部科学省　2011b　小学校キャリア教育の手引き〈改訂版〉

文部科学省　2011c　高等学校キャリア教育の手引き

文部科学省　国立教育政策研究所生徒指導研究センター　2009a　パンフレット「自分に気付き、未来を築くキャリア教育―小学校におけるキャリア教育推進のために―」平成21年3月

文部科学省　国立教育政策研究所生徒指導研究センター　2009b　パンフレット「自分と社会をつなぎ、未来を拓くキャリア教育―中学校におけるキャリア教育推進のために―」平成21年11月

文部科学省　国立教育政策研究所生徒指導研究センター　2010　パンフレット「自分を社会に生かし、自立を目指すキャリア教育―高等学校におけるキャリア教育推進のために―」平成22年2月

文部科学省　国立教育政策研究所生徒指導研究センター　2011　キャリア教育の推進に関する総合的調査研究協力調査会議（報告書）―児童生徒一人一人の勤労観、職業観を育てるために―

文部科学省　国立教育政策研究所生徒指導・進路指導研究センター　2014　キャリア発達にかかわる諸能力の育成に関する調査研究報告書―もう一歩先へ，キャリア教育を極める―　実業之日本社

おわりに

　本書は、急速な社会の変化の移り変わりのなか、学校教育において「一人一人の社会的・職業的自立に向け、必要な基礎となる能力や態度を育てる」ことが目指されるようになり、教師は「進路指導」「キャリア教育」の知識を身に付ける必要性が求められるようになりました。
　そして、今日の社会経済、産業的環境の国際化やグローバリゼーションの進行による変化が子ども達の将来への捉え方にも大きく影響を及ぼしています。だからこそ、一人一人の子ども達が「生きること」や「働くこと」に価値を見いだし、主体的に自分の進路を選択・決定できる能力を高め、勤労観・職業観を形成して「職業人」として自立していくことができるようにキャリア教育をすることが非常に重要になってくると考えます。
　このようなことから、キャリア教育がさらなる充実を図っていけるよう、本書はキャリア教育の重要な概念や理論、具体的な実践などで構成されています。
　第1章では、学校から就業への移行をめぐる課題とその背景にある情報社会に生きる児童生徒の生活意識の変容をまとめ、第2章では、キャリアの意義と新たな定義を捉え、それらを踏まえて第3章では、社会的・職業的自立に向けたキャリア教育で基礎的・汎用的能力の育成を進めるためのPDCAサイクルを中心とした校内体制について提示しました。第4章では、キャリア教育を支える諸理論を説明し、第5章では、発達段階に応じたキャリア教育の実践例を示しつつ展開しました。
　このような内容であるため、どの章からでも進めることが可能で、教職課程で学ぶ学生及び現在学校で実際に進路指導やキャリア教育にかか

わる現職の教師にも役立てることができると考えています。そのため、子どもたち一人一人の成長・発達の過程において多くの体験と経験、人との出会いやつながりにより、キャリア発達し個性を確立することを通して、幸福な生き方と社会の発展に寄与する人材育成に教員が貢献されることを期待しております。

グローバルな情報社会の現在にあって、変化が激しく先行き不透明な社会とその社会に生きる子どもたちへの教育を担うキャリア教育が、未来の日本を背負う子どもたちを育成することにつながることを強く願っています。

なお、本著の一部は日本学術科学研究費補助金（基盤研究(C)，課題番号25380890）による助成を受けております。ご協力いただきました高校の先生方と生徒の皆さん、東京情報大学教職課程の学生の皆さん、お世話になった多く皆様に心から厚く感謝申し上げます。

東京情報大学教職課程　原田恵理子

■著者略歴

神野　　建（じんの　けん）　はじめに・第3章・第4章
　　元東京情報大学総合情報学部総合情報学科 教養・教職課程教授

原田恵理子（はらだ　えりこ）第5章・第6章・おわりに
　　東京情報大学総合情報学部総合情報学科 教職課程准教授

森山　賢一（もりやま　けんいち）第1章・第2章
　　玉川大学大学院教育学研究科 教授
　　東京情報大学客員教授
　　独立行政法人教職員支援機構 特任フェロー

基礎基本シリーズ②
最新 進路指導論

2015年3月31日　初版第1刷発行
2019年9月15日　初版第2刷発行

■著　　者── 神野　建・原田恵理子・森山賢一
■発 行 者── 佐藤　守
■発 行 所── 株式会社 大学教育出版
　　　　　　　〒700-0953　岡山市南区西市855-4
　　　　　　　電話(086)244-1268(代)　FAX(086)246-0294
■Ｄ Ｔ Ｐ── 難波田見子
■印刷製本── モリモト印刷(株)

© Ken Jinno, Eriko Harada, Kenichi Moriyama 2015, Printed in Japan
検印省略　　落丁・乱丁本はお取り替えいたします。
本書のコピー・スキャン・デジタル化等の無断複製は著作権法上での例外を除き禁じられています。本書を代行業者等の第三者に依頼してスキャンやデジタル化することは、たとえ個人や家庭内での利用でも著作権法違反です。

ISBN978-4-86429-377-8